김주호 인문철학총서 14

❀ 고전인문철학수업 1

1. 과거를 창조함에 대하여 (플라톤, 소크라테스의 변명)
2. 소극적 자유와 적극적 자유에 대하여 (니체, 인간적인 너무나 인간적인)
3. 자유의지에 대하여 (도스토예프스키, 지하생활자의 수기)
4. 자유로운 일과 자유를 주는 일에 대하여 (아우렐리우스, 명상록)
5. 창조의 힘, 개별의지에 대하여 (루소, 인간불평등기원론)
6.. 개별의지의 적용에 대하여 (플라톤, 국가 Ⅰ)
7. 선택받는 삶과 선택하는 삶에 대하여 (데카르트, 방법서설)
8. 올바름과 어리석음에 대하여 (플라톤, 국가 Ⅱ)

❀ 고전인문철학수업 2

9. 제3의 탄생에 대하여 (베이컨, 신논리학)
10. 꿈의 구조도에 대하여 (한비, 한비자)
11. 생각의 지도에 대하여 (통합사유철학강의)
12. 숭고한 나눔에 대하여 (칼릴지브란, 예언자)
13. 명예로운 삶에 대하여 (아우렐리우스, 명상록)
14. 우리에게 중요한 것들에 대하여 (생텍쥐페리, 어린 왕자)
15. 삶의 목적에 대하여 (장자, 장자)
16. 참과 진리에 대하여 (니체, 반시대적 고찰)

❀ 고전인문철학수업 3

17. 여유로움과 나태함에 대하여 (키르케고르, 디아프살마타)
18. 성찰과 회복에 대하여 (데카르트, 성찰)
19. 아름다움에 대하여 (칼릴지브란, 예언자)
20. 행동과 열정에 대하여 (서머싯 몸, 달과 6펜스)
21. 겸손과 지혜에 대하여 (한비, 한비자)
22. 인식의 세 단계에 대하여 (니체, 차라투스트라는 이렇게 말했다)
23. 진실과 오해에 대하여 (체호프, 체호프 단편선)
24. 인간의 조건에 대하여 (카프카, 변신)

✿ 고전인문철학수업 4

25. 평등한 세상을 위하여 (루소, 사회계약론)
26. 인간의 본성에 대하여 (알퐁스 도데, 별)
27. 문제와 해결에 대하여 (헤르만 헤세, 데미안)
28. 허영과 충만에 대하여 (파스칼, 팡세)
29. 편견과 본성에 대하여 (마크트웨인, 왕자와 거지)
30. 자기철학에 대하여 (아우렐리우스, 명상록)
31. 자존과 수용에 대하여 (사르트르, 문학이란 무엇인가)
32. 노력과 만족에 대하여 (이솝, 이솝 우화)

✿ 고전인문철학수업 5

33. 배려와 희생에 대하여 (법구, 법구경)
34. 유익과 선에 대하여 (키케로, 의무론)
35. 존재에 대하여 (사르트르, 구토)
36. 시대정신에 대하여 (헤겔, 역사철학강의)
37. 목적과 자격에 대하여 (아리스토텔레스, 정치학)
38. 인내와 용기에 대하여 (성서, 잠언)
39. 배움의 이유에 대하여 (마키아벨리, 군주론)
40. 성공의 길과 진리의 길에 대하여 (헤르만 헤세, 나비)

✿ 고전인문철학수업 6

41. 이해와 사랑에 대하여 (오헨리, 마지막 잎새)
42. 이해와 득실에 대하여 (냉철한 그리고 분노하는, 철학자들의 생각)
43. 합리적 계책에 대하여 (나관중, 삼국지)
44. 평등과 자격에 대하여 (냉철한 그리고 분노하는, 철학자들의 생각)
45. 시간과 존재에 대하여 (실존을 넘어서)
46. 자유와 평등에 대하여 (홉스, 리바이어던)
47. 관계와 인간에 대하여 (니체, 인간적인 너무나 인간적인 Ⅰ)
48. 나와 [나]에 대하여 (니체, 인간적인 너무나 인간적인 Ⅱ)

✿ 토론의 정석 1

49. 우리 시대 약자는 살기 괜찮은가: 약자에 대한 판결 불공정 문제
50. 우리 시대 교육은 문제없는가: 대학 서열 문제
51. 우리 시대 직업은 그 역할을 다하고 있는가: 직업 서열 문제
52. 우리 시대는 술과 정신병 문제에 대한 대처를 잘하고 있는가: 술, 정신병 문제
53. 우리 시대는 부동산 등 불로소득을 잘 징계하고 있는가: 부동산, 불로소득 문제
54. 우리 시대 종교는 타락하고 있지 않은가: 타락한 종교 문제
55. 우리 시대는 처벌에 대해 평등의 원칙을 잘 준수하는가: 공평한 벌금 문제
56. 우리 시대는 정당방위를 충분히 보장하고 있는가: 정당방위 문제

✿ 토론의 정석 2

57. 우리 시대는 계층 문제를 충분히 고려하고 있는가: 계층 문제
58. 우리 시대의 제사, 결혼, 장례 문화는 적절한가: 제사, 결혼, 장례의 전통 문제
59. 우리 시대는 상속을 왜 허용하면 안 되는가: 상속 문제
60. 우리 시대는 아직 일본과의 관계를 해결하지 못하고 있는가: 일본과의 관계 문제
61. 우리 시대는 남북통일을 잘 추진하고 있는가: 남북한 통일 문제
62. 우리 시대는 한중일 3국 연합을 준비하고 있는가: 한·중·일 연합 문제
63. 우리 시대는 개인의 생명과 안전을 스스로 지킬 수 있는가: 총기 소지 문제
64. 우리 시대는 모두의 인권을 존중해야 하는가: 인권과 사형 문제

✿ 논술의 정석 1

65. 인간과 문화에 대하여: 비교와 추론
66. 인간과 환경에 대하여: 추론과 비판
67. 인간과 문학에 대하여: 비교와 평가
68. 인간과 예술에 대하여: 비교와 관점
69. 인간과 리더에 대하여: 분류와 평가
70. 인간과 평등에 대하여: 비교와 비판
71. 인간과 문명에 대하여: 비교와 대안
72. 인간과 운명에 대하여: 활용과 평가

인문철학교육총서

고전인문철학수업 2

지성과문학사

고전인문철학수업 2

인문철학교육총서

고전인문철학수업 2

이 책은 인문철학 교육서이다. 이 책은 인문철학을 시작하려는 사람에게 상당히 적합한 책이다. 이 책은 인문철학을 깊이 전공하는 전문가에게도 자못 적합한 책이다. 이 책은 모든 학생이 공부할 수 있는 책이다. 이 책은 삶의 목표를 찾고 있는 사람에게 괜찮은 책이다. 이 책은 세상을 이끌려는 리더에게 그런대로 적합한 책이다. 이 책은 학생들을 가르치는 교육자에게 꽤 적합한 책이다. 이 책은 삶을 뒤돌아보는 이들에게 때때로 적합한 책이다. 이 책은 무슨 책을 읽어야 할지 모르는 사람들에게 나쁘지 않은 책이다. 이 책은 자신이 부족해 보일 때 조금 용기를 주는 책이다. 이 책은 누군가 거만한 사람에게 선물하면 좋은 책이다. 이 책은 소중한 사람들과 같이 공부하기에 제법 적합한 책이다. 이 책은 차분히 삶을 디자인하려는 사람에게 조금은 도움이 되는 책이다.

JH

인문철학교육총서

* 차례 *

서론, 아이들에게 해주어야 할 열 가지 이야기

9. 제3의 탄생에 대하여 21

10. 꿈의 구조도에 대하여 61

11. 생각의 지도에 대하여 119

12. 숭고한 나눔에 대하여 149

13. 명예로운 삶에 대하여 173

14. 우리에게 중요한 것들에 대하여 201

15. 삶의 목적에 대하여 231

16. 참과 진리에 대하여 265

인문철학교육총서

아이들에게 해주어야 할 열 가지 이야기

인문철학교육총서

아이들에게 해주어야 할 열 가지 이야기

1. 명예 연습

명예를 위해 살지 말고

명예롭게 살라.

인문철학교육서

2. 순수함 연습

별을 쳐다보는 순수한 자의

맑은 눈동자가 그립다.

아이들이 그렇듯이

순수는 행복의 조건이다.

3. 매력 연습

단 하나뿐인 것은

아름답지도 추하지도 않다.

4. 기다림 연습

어둠 속에서 어둠을 피할 수는 없다.

어둠을 피하는 방법 중 가장 어려운 것은 태양을 쫓아가는 것이다.

그런데 대부분 그 방법을 택하고

결국 지쳐 쓰러진다.

행복을 서둘러 쫓으면 비슷한 운명이 된다.

5. 배우고 익히는 연습

진리를 가르치는 것

그것은 인간의 일이 아니다.

진리를 자기에 맞추어 배우려 하지 말라.

스스로 깨우치지 않은 진리로는 절대 행복할 수 없다.

6. 진실 연습

태양이 떠오르면

밤사이 생각한 것만큼 그렇게

감출 수 있는 것이 많지 않다.

아무것도 속이지 말라.

7. 자기 만들기 연습

다른 사람 옷은 그것이 아무리 좋아도

빌려 입지 않는 것이 좋다.

크기와 색이 나에게 맞지 않아 어색하다.

8. 고귀함 연습

우아한 연기를 하는 배우를

우아하다고 생각하지는 않는다.

9. 어제 연습

우리는

어제 목표로 정한 것을 이루기 위해

오늘을 살아간다.

행복하지 않아도 어제의 일이다.

10. 굳건함 연습

어지럽지 않으려면

흔들리지 않는 대지가 필요하다.

바다 위에서는 아무리 배의 바닥을 견고히 해도 소용없다.

행복은 천천히 튼튼하게 만들어가야 한다.

말을 많이 하면 주위는 친구와 적으로 나뉜다.
이것이 침묵의 효용이다.

- 진리의서, 자유정신사 -

9. 제3의 탄생에 대하여

제 3의 탄생은 무엇인가?

사람은 평생 세 번 태어난다.
첫 번째는 육체의 탄생, 두 번째는 정신의 탄생,
마지막 세 번째는 가치(철학)의 탄생이다.
세 번째 탄생은 누구에게나 일어나지는 않는다.

독서 분석

자신이 읽었던 모든 책을 정리하시오.

문학 | 소설

인문 | 사회

예술 | 취미

자연 | 과학

독서 분석

자신이 읽었던 모든 책을 정리하시오.

문학 | 소설

인문 | 사회

예술 | 취미

자연 | 과학

1. 나에 대하여

정리된 자신의 2단계 목표(가치를 위한 꿈)를 바탕으로
그것을 달성하기 위해 해야 할 일, 열 가지를 도출하고
그 중 가장 중요한 일, 세 가지를 선택하시오.

1.
2.
3.
4.
5.   200자
6.
7.
8.
9.
10.   400자

9. 제3의 탄생

✿　가치와 철학은 자신의 인생을 걸고 이루고 싶은 것이다.
그것은 평생이 걸리는 것이며
몇 년 고생한다고 되는 일이 아니다.
그러므로 그것을 정할 때 서두르지 않고 신중해야 한다.
제3의 탄생은 쉽게 일어나지 않는다.

✿　우리의 목표는
'부지런해지겠다'와 같은 불명확한 것이 아니라
'하루에 잠을 1시간 줄이겠다'와 같은 구체적인 것이어야 한다.

2. 고전 읽기(1): 철학자들의 생각

냉철한 그리고 분노하는

2500년 인류 정신의 통찰을 통해
깨어 있는 정신,
제3의 탄생에 대하여 성찰해보자.

* Ref: 냉철한 그리고 분노하는, 자유정신사 (2017)

2. 고전 읽기(1): 철학자들의 생각

깨어있는 정신의 공존적 행복에의 의지

"고귀한 도덕이 자기 자신에 대한 의기양양한 긍정에서 발견되는 반면
노예 도덕은 외부적인 것, 다른 것, 자기 자신이 아닌 것의 부정에서 시작한다.
노예 도덕이 성립하기 위해서는
항시 우선적으로 하나의 적대적인 외부 세계를 필요로 하다.
레오파르디Leopardi는 이렇게 말했다.
'그대의 감동에 합당한 것은 아무것도 살고 있지 않다.
세계는 전혀 신음하기에 합당치 않은 것! 우리 존재는 고통과 권태!
세계는 오물! 그것밖에 없다. 그대여! 마음을 진정시켜라.'
좋은 것과 '보다 좋은 것' 사이를 이리저리 비틀거리는 근대인 인식의 무력함!
이 모두가 근대인의 혼 속에서 불안과 착란을 빚어내며
이 상태가 '영혼에 결실을 맺지 못하게 하는 형벌'을 과한다.
지금처럼 도덕 교사를 필요로 하고, 또 그들을 발견하기 어려웠던 때도 없다.
전염병이 크게 유행하여 의사가 가장 필요로 하는 시대에
의사가 가장 많이 병에 걸려있는 것이다.
과연 다른 사람을 받쳐주고 손을 끌어 인도할 수 있을 만큼
스스로 확고하고 건강하게 자기 발로 서 있는 근대적 인간성의 의사는 있는가?
이 근대적 의사는 이렇게 말할 것이다.

2. 고전 읽기(1): 철학자들의 생각

위대한 사상가가 인간을 경멸한다면 이는 인간의 [나태]를 경멸하는 것이다.
왜냐하면, 나태 때문에 인간은 대량으로 생산한 제품처럼
값싸고 어느 것이라도 상관없는 것으로 보이며, 교제할만한 것
교훈을 줄 만한 것으로 보이지 않기 때문이다.
대중에 속하고 싶지 않은 사람은 자신에 대하여 안이함을 멈추기만 하면 된다.
그대 자신이 되라.
그대가 지금 행하고 생각하고 원하는 것 그것은 모두 그대가 아니다.
청년은 스스로 겸손해야 할 만큼 아직 늙지도 않았으며 현명하지도 않다.
청년은 무엇보다도 기성의 교양을 가장하거나 그것을 변호할 필요도 없다.
청년은 그 모든 위안과 특권을 향수하고
특히 [용감하고 무분별한 정직]이라는 특권과
[희망이라는 감격적인 위안]을 향수하는 자(者)이다."

(니체: 반시대적 고찰)

하늘에 의해 선악이 결정된다고 믿기에는 인간은 너무나 지적(知的)이다.
선함은 교육과 노력으로 결정되니, 아름다운 곡을 연주하기 위해
노력하는 정도의 수련 없이, 선함을 손에 쥘 수 없다.
따뜻하고 남을 배려하는 착한 심성은 대부분 어린 시절 결정된다.
이른바 마음을 닦는다는 것은 성내지 않고, 두려워하지 않으며

2. 고전 읽기(1): 철학자들의 생각

즐거움을 좇지 말고, 근심이 쌓이지 않도록 하는 것이다.

무릇 사람은 친하게 여겨 사랑하는 것에 치우치며

천하게 여겨 미워하는 것에 치우치며, 두렵고 공경하는 것에 치우치며

슬퍼하고 불쌍히 여기는 것에 치우치며, 거만하고 게으른 것에 치우치기 쉬우니

'좋아하되 그 사람의 악한 것을 알며, 싫어하되 그 사람의 선함을 아는'

사람이 되도록 부단 없이 단련해야 한다.

(공자: 대학)

"자본주의는 은밀한 세뇌를 통해 노력하면 부자가 될 수 있다는

환상을 선전하여, 자본에 헌신하도록 만든다.

노동자 계급은 대중매체를 통한 자본가 계급의

'은밀한 세뇌를 극복 가능한 과학적 철학'을 필요로 한다."

들뢰즈Deleuze는 '현대 자본주의와 다른 질서의 소수자'를

절망적 자본주의에 대한 투쟁과 재편을 위한 민중의 대안으로 제시한다.

누구에게 무엇을 배우는가에 따라 삶은 완전히 다른 풍경과 색으로 채색된다.

세뇌에 주의하지 않으면, 계급 없는 공존적 사회는 절대 오지 않을 것이다.

(알튀세르: 마르크스를 위하여)

2. 고전 읽기(1): 철학자들의 생각

철학도 오래 묵으면 퀴퀴한 냄새가 나니, 계속 닦아주지 않으면 안 된다.
1,000년 전 철학을 새롭게 해석하지 않고
그것으로 현재를 설명하고 이끌려는 것은 아주 어리석거나 나태한 것이다.
옛 지성의 말을 외우는 자는 자신을 그럴듯하게 화장하는 것일 뿐이니
나이가 들수록 화장의 효과는 별로 없어진다.
공평한 도덕의 창조는 그 시대 가장 투철한 자의 몫이다.
"어릴 때부터 손, 발, 머리가 묶여 앞만 보며 동굴 속에서 살아온
죄수들이 있었는데, 그들은 뒤쪽으로 지나가는 사물의 모습을
앞쪽의 그림자와 소리만으로 판단했다.
오랜 시간 후 그들은 사물의 실제 모습과 완전히 다른 관념을 가지게 될
것이다. 이와 같은 거짓 관념은 쉽게 수정되지 않는 법이니
그들 죄수 중 하나가 동굴 밖 밝은 세상을 보고 와서, 아무리 진실한 세상
이야기를 해주어도 동굴 속 다른 죄수들은 그가 밖으로 나가더니 정신이
이상해졌다고 생각하고, 밝은 세상을 더욱 두려워하고 외면하게 될 것이다."
[지하 동굴 속 세계 같은 왜곡된 쇠사슬을 끊는 것]
이것이 바로 진실한 이데아를 발견하기 위한 유일한 방법이고
불공평한 자본주의 문제와 과제를 민중의 마음속에 인식시키는 방법이며
퀴퀴한 냄새를 없앤 공평한 도덕을 탄생하게 하는 최선의 방법이다.

(플라톤: 국가)

2. 고전 읽기(1): 철학자들의 생각

"옛날 한 사람이 성난 야수에 쫓겨
깊은 웅덩이 속으로 도망가 넝쿨 나무에 매달려있었다.
아래는 독사로 가득하여 내려갈 수도, 야수 때문에 올라갈 수도 없이
꼼짝 못 하고 있는데 흰 쥐·검은 쥐가 매달린 넝쿨을 파먹고 있다."
우리는 이곳을 어떻게 벗어나겠는가?
깊은 웅덩이 속에서는 그 모든 위험의 속박에 어찌할 수 없다.
어찌할 것인가? 꿈이라면 깨면 되지만, 꿈이 아니라면 어찌하겠는가?
점잖게 도덕적 인간으로 웅덩이 속에서 죽음을 기다릴 것인가?
용자(勇者)라면, 죽음을 무릅쓰고 웅덩이에서 나와 야수와 맞서야 할 것이다.
웅덩이 속에서 빠져나오지 못하면 자신과 사랑하는 자를 누가 지키겠는가?
웅덩이 속 나무를 꺾어 치명적인 무기를 만들고
야수의 빈틈과 허점을 노려 공격한다.
두려움은 사랑하는 자 모두를 죽음으로 몰 것이니
힘에 쫓겨 야수에게 모두 죽임을 당하는 것은 전혀 공평치 않다.
두려움을 극복하는 데 필요한 것은 모호한 용기가 아니라 분노이다.
무모한 격분이 아니라 냉철한 분노이다.

(빈두루존자: 위우타연왕설법경)

2. 고전 읽기(1): 철학자들의 생각

도덕을 위해 철학자의 명문장을 암기시키는가?

암기력만 가르치니 시험이 끝나면 모두 잊힐 것이다.

도덕을 가르치는 자도, 가르치는 자를 양성하는 기관도 없다.

교육은 자기 인생 모두를 걸고 준비한 자만 가능한 일이다.

마음이 올바르지 않으면, 배워도 올바르지 못하다.

올바른 마음과 올바른 목표를 가지면

시키지 않아도 스스로 올바른 인생을 위한 노력을 시작할 것이다.

마음이 올바르지 않으면 배움은 어리석은 지식일 뿐이다.

나는 독배의 죽음을 앞두고 이렇게 말했다.

"내가 사람들에게 바라는 것은 다만 이것뿐이오.

여러분! 내 아이들이 성인이 되거든 내가 여러분을 괴롭힌 것과 똑같이

그 애들을 괴롭혀 분풀이해주시오.

만일 그 애들이 자기 자신을 훌륭히 만드는 것보다

금전이나 그 밖에 일에 먼저 뜻을 두거나

또는 하등 보잘 것도 없는데 벌써 무엇이나 된 줄 착각하거든

'너희는 유의할 일엔 유의하지 않는 하찮은 인간들인 주제에

제법 무언가 상당한 인물이나 된 것처럼 생각하고 있다.' 라고

내가 여러분에 했듯이 그 애들을 나무라 주시오."

(소크라테스: 소크라테스의 변명)

2. 고전 읽기(1): 철학자들의 생각

인간들이란 조금만 자신이 잘나 보이면, 주체할 수 없는 오만으로 사람들을 곤란하게 한다. 더군다나 한 가지 잘하면 자기들이 모든 면에서 뛰어난 것처럼 이 일 저 일 충고랍시고 참견하는 모습을 보면, 소크라테스 선생의 걱정이 이해가 된다. 더욱이 조금 높은 자리에라도 있게 되면, 참으로 가관이다.

갓난아기가 걷기를 시작할 때 무수한 연습과 상처를 입고 드디어 걸을 수 있듯이, 인간의 오만도 도덕과 철학을 디딤돌 삼아 부단히 연습하면, 겸손의 모습을 띠고 걸을 수 있게 된다. 문제는 악마의 유혹에 넘어간 인간의 오만.

학문을 하는 것은 날로 보태는 것이고, 진리를 행하는 것은 날로 더는 것이다.
스스로 드러내지 않는 까닭에 그리고 스스로 옳다 하지 않음에
천하 사람이 그와 다투지 않는다.
처세술은 남과 다투어 이기도록 하는 것이고
도덕은 남과 다투지 않도록 하는 것이다.
낳았으되 소유하지 아니하고, 행하였으되 기대하지 아니하며
길렀으되 마음대로 부리지 아니하니, 이를 말해 그윽한 덕이라 한다.

2. 고전 읽기(1): 철학자들의 생각

이렇게 줄어들고 또 줄어들어 무위(無爲)에 도달하니
진인(眞人)은 고정된 마음을 갖지 않고 사람의 마음을 자기의 마음으로 삼는다.
범부가 도덕적이기 어려운 이유이다.

(노자: 도덕경)

우리는 가능한 만큼 다 함께 행복해야 한다.
교육자는 성공하는 방법을 가르치고, 우리는 성공하고 그들이 필요하다.
공공연한 비밀이지만, 그들 교육대로 살면 우리는 결코 성공할 수 없다.
인생의 성공으로 사람들에게 축하를 받아도 무언가 석연치 않다.
본인은 자기가 성공한 것이 아님을 잘 알고 있기 때문이다.
주위 모든 것들과 공존적 행복을 만들지 않는 한
우리의 성공은 작은 파도에 무너지는 해변 모래 집과 같다.
<u>도덕은 공존적 행복에의 의지이다.</u>
모든 생명의 역사는 그것에 자유를 불어넣으려는 노력이다.
생명은 무게를 가지고 떨어지는 물질을 들어 올리려는 노력과 같은 것
이다. 이렇게 생명은 약동하는 의식, [깨어있는 정신] 즉 의지이니
도덕적 인간은 [행복과 자유를 공유하려 노력하는 자]로 명명해도 좋다.

(베르그송: 창조적 진화)

2. 고전 읽기(1): 철학자들의 생각

이성 철학은 「무엇이 옳고 그른지 또 최선인지」를 이치에 맞게 따지는 것이다.
따라서 이성 철학은 감정, 의지, 욕망, 불안과 같은
개별적 삶의 문제를 비합리적인 것으로 여긴다.
실존 철학은 보편적 이성이 아니라, 각자의 개별적 삶의 문제로 눈을 돌린다.
우리가 [실존]을 원한다면 죽음을 앞둘 때까지 어떻게 살아야 하는지를,
무엇을 해야 하는지를, 각자 존재가 결정하면서 주체적으로 살아야 한다.
우리는 비존재적 [그들—자신]으로서 존재하는 것이 아니라
[자기—자신]으로서만 [실존]할 수 있기 때문이다.
실존이 가능할 때 비로소 [그들—도덕]이 아닌
자신만의 개별 [자기—도덕]이 드러나고
정직하고 공평한 '자기만의 작은 도덕 공동체'가 형성되는 것이다.

(하이데거: 존재와 시간)

정신은 어떠한 폭군도 **빼앗아갈 수 없는** 독자적 재산이다.
사람의 진정한 부는 금은(金銀)에 있지 않고
지식, 지혜, 바름과 고결함에 있다.
정신의 고결함은 그의 얼굴을 아름답게 하고 공감과 존경을 낳으니
그 정신은 그의 눈과 표정에 그리고 행동과 제스처에 나타난다.

9. 제3의 탄생에 대하여

2. 고전 읽기(1): 철학자들의 생각

정신의 고결함, 그러나 우리 기억력은 그렇게 좋지 않다.
인간의 정신은 매일 아침 새롭게 탄생한다.
타인에게 미소를 주는 자를 사랑하며, 슬픔을 주를 자는 미워한다.
신은 공평하다. 도덕은 너무나도 손쉬운 것.
어리석음을 제외하고 모든 악(惡)은 그 치료법이 있다.
어리석은 자에 대한 꾸짖음은 물 위의 글씨처럼 사라지니
예수도 모든 병을 고쳤지만, 바보의 치료는 불가능했다.
어리석음의 근원은 욕심으로 공평을 잃는 것이리니.

(칼릴 지브란: 매혹)

인류 정신은 "영원한 공평의 진리, 깨어있는 정신의 공존적 행복에의 의지"에 대하여 지상의 사람들에게 전하고 있다. 그들은 기게스의 반지_{투명하게 해주는 반지}를 끼고도 도덕적일 수 있는지(플라톤) 로도스 섬에서도_{식량값이 폭등한 섬에서 비싼 값을 받아야 하는지}정직할 수 있는지(키케로) 묻는다. 이와 함께, 천상의 인류 지성은 공존적 행복을 위해 지상의 사람들에게 "기성 교양과 현명함의 부정, 사건의 양면을 고려하는 수용(受容)성, 자본주의의 은밀한 세뇌를 극복하는 철학의 도출, 투철한 자들에 의한 공평한 도덕 창출, 죽음의 웅덩이 속에서 빠져나오는 냉철한 분노, 올바른 교육의 소중함에 대한 인식, 자기 행위에 대한 보상으로써 소유함·기대 함·마음대로 함

2. 고전 읽기(1): 철학자들의 생각

의 부정, 개별 실존적 삶으로의 회귀"를 제언하고 있다. 지혜의 여신으로서 아테나는 지상의 사람들에게 이렇게 말한다.

"위장된 진리를 구분하려면 단지 세 사람의 동의를 구해보면 된다.
위장된 도덕도 마찬가지이다."

"우리 기억력은 며칠을 넘기기 어렵다.
깨달음도 도덕도 마찬가지이다."

- 도덕은 깨어있는 정신의 공존적 행복에의 의지이다.

지혜의 정원(庭園)은 바람 불 때마다
노란색으로 익은 모과 향기로 가득하다.
그 향기 옳고 그르지 않으니, 선도 악도 없고
그 향기 좋고 나쁨 없으니, 사랑도 미움도 없으며
그 향기 어디에나 있으니, 가질 것도 잃을 것도 없다.

슬픔과 고통을 위로하는 신, 앙게로나

2. 고전 읽기(1): 철학자들의 생각

문제 1 각 철학자들이 말하는 핵심 내용을 설명하시오.

❋ 깨어있는 정신의 공존적 행복에의 의지

1.

2.

3.

4.

5.

6.

7.

2. 고전 읽기(1): 철학자들의 생각

문제 1 각 철학자들이 말하는 핵심 내용을 설명하시오.

❋ 깨어있는 정신의 공존적 행복에의 의지

8.

9.

10.   200자

11.

                                                                                       400자

                                                                                       600자

2. 고전 읽기(2): 베이컨, 신논리학

"도서관 이용 학습"
아래 고전 읽기 책을 도서관에서 대여하여 읽고 문제의 답안을 작성하시오.

베이컨 　　신논리학

Francis Bacon (1561~1626)

베이컨은 '신논리학'을 통해
개별 사항을 바탕으로
보편적 결론을 도출하는 '귀납 논리'를 주장했다.
그 전까지의 아리스토텔레스 논리학은
보편적 사실과 진리를 바탕으로
개별 사항들을 예측하는 '연역 논리'가 주류를 이루고 있었다.
또한, 베이컨은 우리가 진리에 접근하기 위해서는
종족의 우상, 동굴의 우상, 시장의 우상, 극장의 우상을
극복해야 한다고 주장했다.
이는 우리가 '제3의 탄생'을 위해서도 극복해야 하는 우상이다.

---

* Ref: 신논리학, 베이컨, 주니어김영사, 1장, p12~29 (2010)

2. 고전 읽기(2): 베이컨, 신논리학

신논리학, 베이컨, 주니어김영사, 1장, p12~17 내용을 읽고 답하시오.

2. 고전 읽기(2): 베이컨, 신논리학

신논리학 제1장을 읽고 요약 기술하시오.

(1) Page 문장 방식으로 (18~20 문장) 작성하시오. (그 Page에서 가장 중요한 핵심 내용을 파악하여 기술함)
(2) 다른 사람에게 설명할 수 있도록 발표원고(설명문) 형식으로 정리하시오.

답안

1.
2.
3.
4.
5.
6.

요약 (150자)

2. 고전 읽기(2): 베이컨, 신논리학

신논리학, 베이컨, 주니어김영사, 1장, p18~23 내용을 읽고 답하시오.

2. 고전 읽기(2): 베이컨, 신논리학

신논리학 제1장을 읽고 요약 기술하시오.

(1) Page 문장 방식으로 (18~20 문장) 작성하시오. (그 Page에서 가장 중요한 핵심 내용 파악, 기술함)
(2) 다른 사람에게 설명할 수 있도록 발표원고(설명문) 형식으로 정리하시오.

답안

7.

8.

9.

10.

11.

12.

요약 (150자)

2. 고전 읽기(2): 베이컨, 신논리학

신논리학, 베이컨, 주니어김영사, 1장, p24~29 내용을 읽고 답하시오.

2. 고전 읽기(2): 베이컨, 신논리학

신논리학 제1장을 읽고 요약 기술하시오.

(1) Page 문장 방식으로 (18~20 문장) 작성하시오. (그 Page에서 가장 중요한 핵심 내용 파악, 기술함)
(2) 다른 사람에게 설명할 수 있도록 발표원고(설명문) 형식으로 정리하시오.

답안

13.

14.

15.

16.

17.

18.

요약 (150자)

3. 주제 토론: 제3의 탄생

[제3의 탄생]

제1의 탄생 : 육체의 탄생 (육체의 독립)
제2의 탄생 : 정신의 탄생 (정신의 독립)
제3의 탄생 : 가치의 탄생 (가치의 독립)

[개별 의지에 의한 개별 가치]

[나] 라는 특성을 가진 육체적, 정신적 인간 탄생을
[제 2의 탄생] 루소 으로 정의한다.
이는 모든 사람이 겪는 일반 보편 현상이다.

그 후, 자기 존재의 의미를 알게 됨으로써 또다시 탄생한다.
인생에서 무엇이 중요한 것이며
그것을 위해 어떻게 살아야 하는지에 대한
자기성찰과 개별의지를 가지게 될 때
비로소 **[제3의 탄생]**을 시작한다.

인생의 가치를 스스로 결정하는
[제3의 탄생]을 하지 못하고
시간을 그렇게 흘려보낼 것인가?

3. 주제 토론: 제3의 탄생

제3의 탄생을 위해 알아야 할 것은 [인생에서 무엇이 중요한 것이며, 그것을 위해 어떻게 살아야 하는지]이다. [세상에서 무엇이 가장 중요한 것인지]에 대하여 자신의 생각을 기술하시오. (1) 그 이유 (2) 해야 할 일 5가지 (3) 2단계 가치를 위한 꿈에 대한 Review (400자)

5. 천자문 (9/125)

海(바다 해) **鹹**(짤 함) **河**(물 하) **淡**(묽을 담)
바다는 짜고 강물은 맑다.

鱗(비늘 린) **潛**(잠길 잠) **羽**(깃 우) **翔**(날 상)
물고기는 물에 있고 새는 공중을 난다.

해함하담　　　　인잠우상
海鹹河淡이고　　鱗潛羽翔이라.

사람은 모두 각자의 장점이 있고
해야 할 일도 모두 각각이다.

[한자 세 번, 뜻 한 번을 쓰시오]

5. 명심보감 (明心寶鑑)

권학편(勸學篇)

人生不學 이면　　冥冥如夜行 이라.
인생불학 이면　　명명여야행 이라.

사람이 살면서 배우지 않으면
어둡기가 밤길을 가는 것과 같다.

군자란
배우려 하는 사람이다.

[한자 두 번, 뜻 한 번을 쓰시오]

인문고전 추천 9

어린 왕자 (생텍쥐페리)

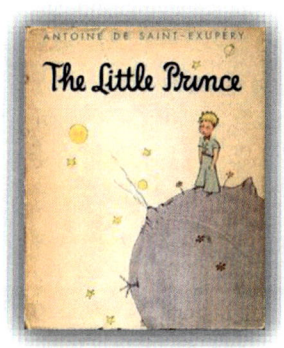

등장인물

나 (사막에 불시착한 비행기 조종사)
어린 왕자
붉은 장미, 여우, 왕
허영쟁이, 술꾼, 점등인
지리학자, 사업가, 보아뱀
비행사(나)가 그려준 양
보아뱀이 잡아먹은 코끼리

독서노트 (9)

[어린 왕자에 흐르는 정신(교훈)에 대하여]

1. 저자: 생텍쥐페리

2. 도서: 어린 왕자

3. 독서노트
   (1) 27개의 이야기 중 10가지 이야기를 각각 3개의 문장으로 요약하시오. (총 30문장)
   (2) 10개의 각 이야기가 의미하는 바를 한두 단어 그리고 단문으로 각각 표현하시오. (예, 영원한 우성: 같이 기뻐해 주는 자가 진정한 친구이다)
   (3) 어린 왕자 전체 이야기를 작가의 의도를 포함하여 정리, 요약하시오. (400자)
   (4) 발표/토론 준비

4. 기간 : 2주

독서노트

(1) 27개의 이야기 중 10가지 이야기를 각각 3개의 문장으로 요약하시오. (총 30문장)

200자

400자

600자

독서노트

(1) 27개의 이야기 중 10가지 이야기를 각각 3개의 문장으로 요약하시오. (총 30문장)

독서노트

(2) 10개의 각 이야기가 의미하는 바를 한두 단어 그리고 단문으로 각각 표현하시오. (예, 영원한 우정: 같이 기뻐해 주는 자가 진정한 친구이다)

독서노트

(2) 10개의 각 이야기가 의미하는 바를 한두 단어 그리고 단문으로 각각 표현하시오. (예, 영원한 우정: 같이 기뻐해 주는 자가 진정한 친구이다)

독서노트

(3) 어린 왕자 전체 이야기를 작가의 의도를 포함하여 요약하시오. (400자)

200자

400자

600자

Summary

1. 나에 대하여
　: 정리된 자신의 2단계 목표(가치를 위한 꿈)를 바탕으로 그것을 달성하기 위해 해야 할 일 15가지를 도출하고, 그 중 가장 중요한 일, 3가지를 선택하시오.

2. 고전 읽기
　: 베이컨, 신논리학

3. 주제 토론
　: 제3의 탄생

4. 천자문 / 명심보감

5. 독서 노트
　: 어린왕자에 흐르는 정신에 대하여

제3의 탄생에 대하여

✿ 9. 제3의 탄생에 대하여 자신의 생각을 종합하시오.

명예를 위해 살지 말고
명예롭게 살라.

- 진리의서, 자유정신사 -

10. 꿈의 구조도에 대하여

꿈의 구조

꿈은
1단계 직업을 위한 꿈
2단계 가치를 위한 꿈
3단계 행복을 위한 꿈으로 발전한다.

10. 꿈의 구조도

❀ 꿈의 구조

꿈은 1단계 직업을 위한 꿈 (1-Work),
2단계 가치를 위한 꿈 (2-Value),
3단계 행복을 위한 꿈으로 발전하고 (3-Happpiness)
이를 위한 우리의 활동은 (Activity)
자기 개발 (Development),
사람들과의 관계 (Relationship),
자기 철학의 수립이 필요하다. (Philosophy)
이는 자신을 위한 단계에서 (For Me)
나와 관계 있는 우리를 위한 단계로 발전하고 (For Us)
최종적으로 사람들 모두를 위한 꿈의 단계로 나아간다. (For People)

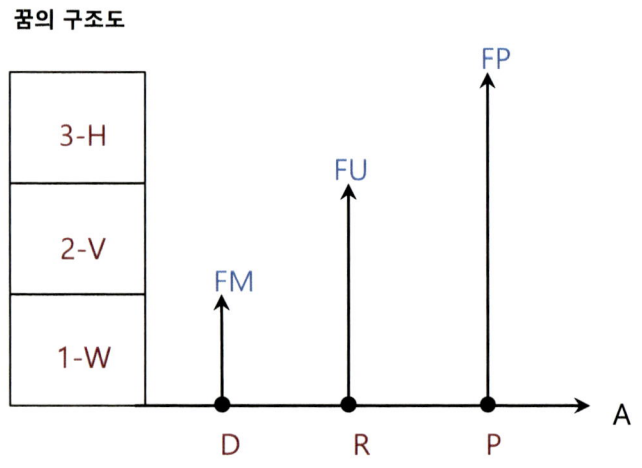

꿈의 구조도

1. 나에 대하여

자신의 꿈 속에서 나를 위한 일 다섯 가지 (FM), 우리를 위한 일 다섯 가지 (FU), 사람들을 위한 일 다섯 가지 (FP)를 기술하시오.

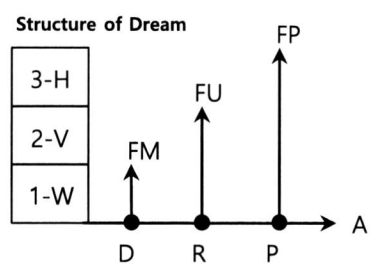

200자

400자

10. 꿈의 구조도에 대하여

2. 고전 읽기(1): 철학자들의 생각

냉철한 그리고 분노하는

2500년 인류 정신의 통찰을 통해
우리 삶에서 가치 있는
꿈과 목표의 구성에 대하여
성찰해보자.

---
* Ref: 냉철한 그리고 분노하는, 자유정신사 (2017)

2. 고전 읽기(1): 철학자들의 생각

1. 부자는 돈이 많다는 것, 그것뿐이다

"죄를 짓는 것은 인간적이다. 그렇지만 죄 안에 머무는 것은 악마적이다. 셰익스피어는 멕베드로 하여금 다음과 같은 말을 하게 하고 있는데 이것은 심리학적으로 지극히 거장다운 말이다.

「죄로부터 나온 일은 오직 죄를 통해서만 힘과 강함을 얻는다.」 (제3막제2장)

요컨대 그가 의도하는 것은, 죄는 그 자체 내에서 일관성을 갖고 있으며 또 악의 이러한 일관성 속에서 죄도 또한 어떤 힘을 갖는다는 것이다. 대부분의 사람은 자기 자신에 대한 의식을 거의 갖지 않고 생활하기 때문에 일관성이 무엇인가 하는 데 대한 관념을 거의 갖고 있지 않다.

그들의 생활은 일종의 어린애 같은 귀여운 소박성 속에서 진행되거나 혹은 하찮은 이야깃거리를 일삼으며 약간의 행동, 약간의 체험 등으로 정립되고 있다.

방금 무엇인가 선한 것을 행하는가 하면 어느새 또 잘못을 저지르곤 한다.

그리고는 다시금 처음부터 시작한다.

어느 날 오후 혹은 어쩌면 3주일 동안 그들은 절망하고 있기도 한다.

그러나 그들은 얼마 후 다시 원기를 회복한다.

하지만 또다시 하루종일 절망한다.

말하자면 그들은 인생이라는 유희를 하고 있는 것이다.

2. 고전 읽기(1): 철학자들의 생각

그들은 하나에 인생을 거는 것과 같은 통합적 인생을 체험한 적이 없다.
그 때문에 그들은 자신의 내부에 있는
무한한 일관성에 대한 관념에 미치지 못하는 것이다.
**따라서 그들에게는 항상 개개의 것들, 즉 개개의 좋은 나날들,
개개의 죄만이 문제 될 뿐이다.**
직접적이고 어린애 같고 유치한 사람은 상실할 수 있는 전체를 갖고 있지 않다.
그들은 항상 개체로서 개체적인 것만을 상실하고 또 획득할 뿐이기 때문이다."
이는 부(富)에도 그대로 적용된다.
그들은 부에 대한 가치를 통합적으로 조망하는 능력을 갖추고 있지 않다.
일정 이상의 부는 악을 내포하며 모두를 와해(瓦解)시킬 것임을 알지 못한 채
불나비와 같이 부를 향해 돌진할 따름인 것이다.

(키에르케고르: 죽음에 이르는 병)

부(富)는 삶을 조금은 풍요롭게 해준다.
차분한 유월 초여름 오후 시끄럽지 않은 한적한 교외에서 조용히 생각해보니
커다란 부를 가진 자의 것이, 산기슭을 천천히 걷고 있는
소박한 농부가 가진 것과 그렇게 차이가 있는 것은 아니었다.
푸른 하늘과 산기슭 맑은 공기 아래, 부는 별로 소용도 없다.
부는 도시 자본주의 희생자에게 필요한 음습한 소유물일 뿐.

2. 고전 읽기(1): 철학자들의 생각

부의 효용은 그것을 필요로 하는 사람에게 나누어줄 때, 비로소 발생한다.
부는 소유하는 것이 아니라 공유하는 것.
인간이 가지는 부의 총합적 관점에서 그것을 서로 공여한다면
세상은 살만한 곳이 될 것이다.
과도한 부는 자기 힘이 아니라 타인을 기만함으로써 얻은 것이 대부분이다.
더 낮은 가격으로 사람들에게 제공했어야 할 상품을
과도하게 높은 가격으로 판매했기 때문이다.
적정함 이상으로 과도한 이익을 내는 행위 대부분은 사기이다.
식량난을 겪는 [로도스 섬]에서 상인들이 어떻게 그 가격을 정해야 하는
가? 정직함이 선함의 기초이다.
타인의 무지를 이용해 자신의 이익을 취하는 행동을 해서는 안 된다.
도덕적으로 선하지 않은 것은 결코 유익하지 않으니
우리는 꼭 선택해야 한다면 도덕적 선을 유익함에 우선해야 한다.
결국, 최후에는 도덕적 선이 더욱 유익할 것이기 때문이다.
죄를 범하고 유익함으로 가리는 것과 공리주의는 엄격히 구분되어야 한다.
플라톤이 사람을 투명하게 해주는 [기게스의 반지] 이야기에서
힘 있는 인간의 비열한 욕망에 대해 말한 바와 같이
유익함과 이익 때문에 도덕적 균열이 생기지 않도록 깊이 성찰해야 한다.
윤리적이지 않은 부(富)는 힘에 의해 강제로 회수해도 그 책임이 크지 않다.

(키케로: 의무론)

2. 고전 읽기(1): 철학자들의 생각

"인간이 [실존함]과 [자기를 선택함]과의 사이에는 아무런 차이도 없다."
부(富)를 선택하면 부로 둘러싸인 성곽 속에서 실존할 것이고
부와 다른 가치를 선택하면 또 그렇게 실존할 것이다.
"욕망은 일반적으로 말하면, 타인에 의해서 타유화(他有化)된 자기 존재를
복원하기 위한 대자(對自) 존재의 근원적인 회복 노력이다."
가령, 부를 욕망하는 것은 자기 존재가 부에 의해 억압받고 있음을 인지하고
그로부터 벗어나기 위한 투쟁 과정이다.
따라서 부에 대한 욕구는 그 공동체의 가치관에 의해
어느 정도 결정된다고 얼버무린다. 그러나 사실 이는 핑계일 뿐.
"우리 삶은 하나의 [선택]을 발견하는 데 있어야지
공동체 가치관 같은 하나의 [상태]를 발견하는 데 있어서는 안 된다.
자기의 선택이 무의식의 어둠 속에 파묻혀 있는
[주어진 것]에 의해 판정되는 것이 아니고
자유롭고 의식적인 하나의 [결정]이어야 함을 기억해야 한다."
공동체 가치관 속에 숨는 것은 결국 실존을 포기하는 것이다.

(사르트르: 존재와 무)

2. 고전 읽기(1): 철학자들의 생각

일정 수준 이상의 부는 그것을 권력화하니 개인 소유권은 제한해야 한다.

우리는 국가 이외의 어떤 권력도 인정해서는 안 된다.

부는 이미 세습의 준비까지 마쳤으니 부의 권력화는 시급한 문제이다.

증여는 일부만 허용해야 하고, 자기 것이라고 마음대로 증여해서는 안 된다.

이는 평등의 진리에 위배된다.

다수 민중을 위한 올바른 철학은 자신의 능력과 노력으로

'본인이 누리는 부'는 인정하지만, 그 증여까지는 인정하지 않는다.

상식을 뛰어넘는 태생적 불평등이 민중의 가치와 질서를 파괴하기 때문이다.

즉, 평등을 해치는 일정 수준 이상의 과도한 부를 인정해서는 안 된다.

재화는 개인이 아닌 사회 구성원 전체가 함께 만드는 것이기 때문이다.

"모두가 평등한 정의로운 공동체는 정치가 아닌 교육으로 실현해야 한다.

아테네 시민 500명으로 구성된 공동체 법정에서

애석하게도 소크라테스는 사형 선고를 받았다.

민주 정치는 다수의 바보들에 의해 다스리는 중우(衆愚)정치이다.

민주주의는 무정부 상태와 다를 바 없고, 결코 평등하지 않은 사람들을

평등하게 대하는 괴상한 정체(政體)이다.

민주주의는 오만·무례함을 교양으로, 무정부 상태를 자유로,

낭비를 도량으로 생각한다.

민주 정치는 자연적으로 통치자, 부자, 민중, 세 부류를 탄생시킨다.

2. 고전 읽기(1): 철학자들의 생각

위정자는 세금을 많이 거두어 민중을 생계에만 매달리게 하고 반역을 기도할 여유를 박탈한다.
 통치자는 지위를 유지하기 위해 부자들과 연합하고 부자들의 재산을 민중에게 조금 나누어주어 민심을 얻다가 이를 눈치채면 전쟁까지 일으켜 어쩔 수 없이 그를 필요로 하도록 유도한다. 이렇게 과도한 부는 민중을 탄압하는 독재 참주(僭主)의 탄생을 돕는다." 권력과 부의 연대(連帶)는 2,500년 전이나 지금이나 크게 다르지 않다.

〈플라톤: 국가〉

본래 나태한 족속인 인간이 재물을 모으려 그렇게 노력하는 것은 자신의 풍족함을 위해서만은 아니다. 사랑하는 사람들에게 상속하고 나누어주어, 그들이 세상을 조금 편하게 살도록 도와주는 것은 그들 나름대로 사랑의 표현이고, 만일 그것이 인정되지 않으면 인간은 상당 부분 더 나태해질 것이다.

인간의 의욕과 욕심이 줄어들까 우려하는 것은 악마의 쓸모없는 걱정이다. 상속자는 막대한 부를 가질 수 없겠으나, 공동체가 증여가 금지된 재화에 의해 전체적으로 풍요로워지면, 그 상속자도 공동체 속에서 그 혜택을 누릴 것이고 이것이 두 세대만 축적되면, 지상은 다른 세상이 되어 있을 것이다.

2. 고전 읽기(1): 철학자들의 생각

아마, 그때는 악마가 있을 곳이 없을지도 모른다.

인류 정신은 "부에 대한 통합적 조망 능력, 도덕적 균열을 막는 유익함과 이익에 대한 성찰, 부의 가치에 대한 깨어있는 결정, 과도한 부에 의한 부패의 탄생"에 대하여 지상의 사람들에게 전한다. 지혜의 신, 아테나는 지상의 사람들에게 이렇게 말한다.

"한 선구적 삶이 고요한 침묵 속에서 인간 전체의 행동을 바꾼다.
그리고 이것이 인간 일반을 유지케 한다."

"태양이 비추고 있는 늦가을 따뜻한 햇볕 아래
오후 시간 한가로움은 모든 것을 회복시킨다."

▣ 부자는 돈이 많다는 것, 그것뿐이다.

2. 고전 읽기(1): 철학자들의 생각

문제 1 각 철학자들이 말하는 핵심 내용을 설명하시오.

❋ 1. 부자는 돈이 많다는 것, 그것뿐이다

1.

2.

3.

4.

5.

2. 고전 읽기(1): 철학자들의 생각

2. 부의 작은 특권은 악마도 천사도 될 수 있다는 것이다.

"목적을 달성하기 위해서는 기반을 다진 후에 시작하고
선함과 신념을 가진 후에 말하며, 사귐을 깊이 한 후에 상대에게 묻는다."

선함과 신념이 없는 자는 그의 말과 행동에 비굴함이 나타난다.
비굴하지 않으려면 하늘(天), 땅(地), 사람(人), 3재(三才)의 이치에 부합해야 한다.

하늘은 음(陰)과 양(陽)을 [화합]하게 하고

땅은 유(柔)와 강(剛)을 [조화]롭게 하며

사람은 인(仁)과 의(義)로 [융화]하게 한다.

무릇, 성인은 천지의 화합, 조화, 융화로 서로 변화하는 모습을 통찰한다.

하늘(乾건 ☰)과 땅(坤곤 ☷)은 무릇 위치를 정하며

산(艮간 ☶)과 못(兌태 ☱)은 기운을 통하고

우뢰(震진 ☳)와 바람(巽손 ☴)은 서로 부딪히며

물(坎감 ☵)과 불(離리 ☲)은 서로 침범하지 않는다.

이로써 조화롭다.

2. 고전 읽기(1): 철학자들의 생각

만물은 기운차게 태동하고(震진 ☳)

가지런히 정리되며(巽손 ☴),

서로 마주 보며 이해하여 밝고(離리 ☲)

기르기 위해 힘써 일하며(坤곤 ☷),

가을에 수확하여 기뻐하고(兌태 ☱)

음양이 서로 다투며(乾건 ☰),

바르기 위해 힘써 수고하고(坎감 ☵)

종말을 이루고 다시 시작하여 성취한다.(艮간 ☶)

이로써 오래 조화롭다.

이를 알고 시간을 거슬러 셈하는 것(逆數)이 역(易)이다."

이런 이치로, 사람이 재물을 바르게 소유하려면

사람들과 화합, 조화, 융화해야 하고

그 변화 모습을 통찰해야 다툼이 없다.

(복희: 주역)

2. 고전 읽기(1): 철학자들의 생각

공동체가 발전하기 위해 재화의 역할은 분명히 존재한다.
그러나 사람에 따라 그것을 소유하는 정도의 차이가 너무 커지면
모든 긍정적 가정은 무너진다.
사람은 서로 다른 능력을 갖추고 태어나고
그들이 만들어가는 재화량이 차이가 있는 것은 당연하지만
문제는 개인 능력과 노력 이상으로 벌어지는 과도한 재화 편중 현상이다.
이는 큰 자갈과 작은 모래가 그렇듯 공동체를 서로 다른 부류로 분리시킨다.
반면, 작은 돌과 모래는 분리되지 않고 서로 융합되어 단단한 토양을 이룬다.
비가 오면 두 종류 토양의 차이는 명확히 나타나서
전자의 토양은 무너지고 후자의 토양은 더욱 단단해진다.
엄정한 국가라면 부와 빈곤의 격차가 너무 벌어지도록 방치해서는 안 된다.
만일 국가가 하지 않는다면 민중이라도 나서야 하는 법.
보통, 우리는 도움받을 것이 없으면 상대에게 담담하다.
이는 부와 빈곤의 차를 어디까지 인정할지의 기준이다.
공동체에서 어느 누구와도 담담함이 유지되도록 부의 분배를 도모해야 한다.
이것이 우리 삶을 오래 지속시키기 때문이고 이것이 바로 고귀한 것이다.
옳은 행동을 해야 옳은 자이고, 절제적 행동을 해야 절제적인 사람이다.
철학적 도덕을 단지 사유함으로써 자신을 선한 자로 생각하는 것은 착각이다.
이는 마치 환자가 의사의 처방을 주의해서 듣지만

2. 고전 읽기(1): 철학자들의 생각

그것을 따르지 않으면 건강해질 수 없는 것과 같다.

우리는 위정자, 사기꾼, 탐욕가를 철저히 몰아낸다.

자신이 그 고귀한 '자격'이 있는지 냉철히 그리고 지속적으로 검증하면서.

악당을 몰아내고 자신이 바로 그 악당이 돼서는 곤란하다.

"우리는 단순히 거문고를 타는 자가 아닌, 거문고 명수의 [탁월함]을 지향한다.

이를 통해 행복이 서서히 드러나며, 그것은 [온 생애를 통한 것]이어야 한다.

한 마리 제비가 날아온다고 봄이 오는 것은 아니다.

당연히 노여워할 일에 대해서, 또 당연히 노여워할 사람들에 대해서

그리고 적절한 정도로, 적합한 때에, 그리고 적당한 시간 동안

노여워하는 사람은 칭찬받을 만하다.

이런 사람이 바로 유약하지 않은 [온화한 사람]이다."

생의 [고귀함을 위하여] 담대함으로 나아가는 것이 바로 [용기 있는 사람]이다.

온화하고 고귀한 자는 부를 맑고 고결하게 사용하나니.

(아리스토텔레스: 니코마코스윤리학)

"만연되고 있는 우아한 사람들의 [아름다운 형식에의 애착]은

저 초조, 저 숨을 멈추고 있는 질식 순간의 포착,

무엇이든 너무 푸르다는 이유만으로 꺾어버리는 저 조급함,

얼굴에 주름을 새기고 일에 문신을 새기는 저 질주에서 잘 연역(演繹)된다.

2. 고전 읽기(1): 철학자들의 생각

우리는 마치 더는 숨 쉴 수 없게 만드는 독약이 체내에서 잘 듣는 것처럼
<u>찰나(Moment), 여론(Meinung), 유행(Mode)이라는
세 개의 M에 혹사당하는 노예로서 돌진해 간다.</u>
혹사당하지 않는 개별 문화의 부재에 대하여 또렷이 보여주었을 때
나는 이미 몇 번이나 이러한 항의를 받았다.
'그 부재는 아주 당연합니다. 우리는 이제까지 너무 가난하고
조심스러웠기 때문이지요. 우리 국민을 먼저 부유하게 하고
자부심을 품게 하세요. 그러면 문화를 갖게 될 것입니다!'
이런 종류의 엉터리 신념은 나를 분노케 한다.
부, 우아와 예의 바른 위장의 문화, 거짓된 것, 가짜, 서툰 모조품, 악명 높은
회색, 질투심, 음험함, 불순, 저 불안, 저 성공과 돈벌이에 대한 병적인 욕망.
<u>이 모든 병과 결점을 결코 [원칙적으로 치유]하려 하지 않고
그러한 〈흥미 있는 형식의 문화〉로써 언제나 단지 외관만을
화장(化粧)할 심산이라는 것을 생각하면 화가 치밀어서 견딜 수 없게 된다."</u>
이것이 부유함을 그럴듯하게 화장하는 것에 대해 화를 내는 이유이다.

(니체: 반시대적 고찰)

그렇게 화낼 것 없다. 인간은 몇 번이고 말하지만 원래 나태한 족속이다. 욕
망을 자극하는 찰나(M1), 무리 의식을 자극하는 여론(M2), 시기심을 자극하

2. 고전 읽기(1): 철학자들의 생각

는 유행(M3)으로 그들을 유혹하면 넘어오지 않는 자가 없다. 그들은 이 세상에 넘치고 있는 자극적인 욕망, 관능적인 문화를 모방하고 또 적응하며 사는 것이 그래도 가장 편리하다는 것을 이미 간파한 것이다. 이 나태한 족속이 자기 개별 문화를 만들다니, 선생의 욕심이 과한 것이다.

악마는 인간의 나태로 끼니를 해결하는 족속. 사람의 나태는 오랫동안 그들의 여름 수확을 수탈해 가는 또 다른 자들에 대한 시위(示威)이다. 민중은 나태로써 분노하는 것이다. 오랫동안 그렇게 수확물이 약탈당하면, 악마라도 일하려고 하지 않을 것이다. 개별 문화는 자기 자신의 곳간을 만드는 것이니, 그곳에 자기 것이 차곡차곡 쌓여가면 인간들은 나태가 무엇인지도 모르게 될 것이고, 악마는 그들로부터 끼니를 얻지 못할 것이다.

부(富)는 노동을 자극한다. 필요한 재화를 제공하기 때문이다.
부의 진정한 의미는 재화를 이용해 기본적인 의식주를 해결하고
나머지는 부족한 이들과 나누는 것이니
**소박하게 먹고 단정하게 입고 편안히 잘 수 있는 작은 공간만 있으면
그 이상은 여분의 재화이다.** *

* Ref: 진리의서, 자유정신사 (2019)

2. 고전 읽기(1): 철학자들의 생각

사람들이 위협하는 가난을 너무 겁낼 필요 없다.

당신을 겁먹게 하려는 속임수이다.

본인이 노력한 결과로서의 부는 누구도 관여할 수 없지만

과도한 양의 부를 증여하려 한다면

이는 국가의 평등 이념을 파괴하는 독재자와 크게 다르지 않은 범죄이다.

누구도 그것이 가능할 정도로 특별하지는 않으니

부는 본인에 한하여 엄격히 제한되어야 한다.

나는 숲속 지혜의 정원에서 투명한 피리 소리를 가슴으로 듣는다.

숲속에는 자유인이 살지 않습니다.

비천한 노예도 없습니다.

아몬드는 나무 아래 잔디 위에 꽃을 뿌린다 해도

결코 뽐내지 않고 풀에도 복종을 요구하지 않습니다.

숲속에는 아무도 슬퍼하지 않습니다.

슬픔으로 고개를 파묻는 자도 없습니다.

서풍이 잎사귀에 속삭이며 자비로운 바람을 실어다 주니까요.

(칼릴지브란: 영가 The Procession)

인류 정신은 "부의 화합·조화·융화성, 부의 고결한 사용, 부를 그럴듯하게 화장(化粧)할 때의 역겨움"에 대하여 지상에 전하고 있다. 지혜의 신, 아테나는 지상의 사람들에게 이렇게 말한다.

2. 고전 읽기(1): 철학자들의 생각

"부는 어느 정도까지는 선이 악을 앞선다.
그러나 그 이상에서는 반대이다."

"풍요에 겨운 게으르고 살찐 부자를 꿈꾸지 말라.
정말 그렇게 될 것이다."

▣ 부의 작은 특권은 악마도 천사도 될 수 있다는 것이다.

2. 고전 읽기(1): 철학자들의 생각

문제 2 각 철학자들이 말하는 핵심 내용을 설명하시오.

✤ 2. 부의 작은 특권은 악마도 천사도 될 수 있다는 것이다.

1.

2.

3.
200자

4.

5.
400자

600자

2. 고전 읽기(1): 철학자들의 생각

3. 명예를 위해 살면 명예롭지 않다.

"'시체를 둘러멘 가엾은 영혼' 에픽테투스Epictetus가 당신에게 하는 말이다.

당신이 먹고 있는 오이가 쓴가? 던져 버려라.

당신이 가는 길을 가시덤불이 막는가? 피해서 가라. 그것으로 충분하다.

도대체 왜 이런 것들이 세상에서 일어나는지 의문을 갖지 말라.

비웃음을 살 것이다.

우주의 본질이 무엇인지 모르는 사람은 자신이 어디 있는지 모르고

우주의 목적이 무엇인지 모르는 사람은

자신이 어떠한 존재인지 모르는 법이다.

자신이 어디에 있고 어떠한 존재인지조차 모르며 단지 갈채하는

군중의 찬사를 꼭 받아야 만족하겠는가?

당신은 하루에 세 번씩이나

자신을 저주하는 사람들의 칭송을 꼭 받고 싶은가?

당신은 스스로도 만족할 줄 모르는 사람들의

마음에 들어 무엇에 쓰려는가?

2. 고전 읽기(1): 철학자들의 생각

투명하고 맑은 샘물가에서 아무리 저주의 말을 해도 샘물은 변하지 않는다.
사람들이 진흙이나 오물을 집어넣는다 해도, 샘물은 재빨리 그것을
흘려보내고 씻어내어 어느새 맑은 물을 다시 뿜어낼 것이다.
당신은 어떻게 해야 그러한 샘물을 가질 수 있을 것인가?"

명예를 위해 살지 말고 명예롭게 살라. *

(아우렐리우스: 명상록)

---
* 진리의서 Ⅰ, 자유정신사, p15 (2018)

우리가 얻고자 하는 것은 사람들로부터의 '부러움'은 아닌가?
명예가 자신을 위한 것이라면 더는 명예가 아니다.
명예는 그것이 타인에 이익이 될 때 비로소 모습을 드러낸다.
명예는 자신의 행위에 합당한 무형, 유형의 가치를 사람들에게
'아무 대가 없이' 제공하려는 노력으로 탄생한다.
평판이나 자긍심을 얻으려고 자신을 가꾸고 향상시켜
얻을 수 있는 것은 명예가 아니라, '인기'일 뿐이니
명예는 영원하지만, 인기는 곧 사라져 간다.

10. 꿈의 구조도에 대하여

2. 고전 읽기(1): 철학자들의 생각

"「셈 값을 치르는 쇠푼 돈, 명예」 장갑을 낀 채
나는 이 쇠푼을 쥐었다가 역겨워하며 그것을 짓밟는다.
누가 그 값을 받으려 하는가? 그것은 흥정거리가 되는 팔릴 사람이다.
그들은 기름진 손으로 명성이라는 싸구려 깡통을 붙들고 늘어진다.
그들 모두 어질긴 하다. '명예와 덕성' 그것은 짝이 꼭 맞는다.
세상 사람들은 명성이라는 수다로 덕성이라는 수다 값을 치른다.
세상은 그 수다스러움으로 삶을 잇는다.
그러나 나는 모든 심약한 어진 사람 앞에 죄인이 되겠다.
그들 앞에 나는 가장 천한 자가 되리라.
「셈 값을 치르는 쇠푼 돈, 명예」 장갑을 낀 채
나는 이 쇠푼을 쥐었다가 역겨워하며 그것을 다시 짓밟는다."
쇠푼을 쥐었다가는 명예를 잃으리니.

(니체: 디오니소스의 찬가)

"철학자들은 다양한 모습을 있는 그대로 보려 하지 않고
다채로운 색을 하나의 단순한 색으로 환원하려 한다.
참으로 무책임한 시도이다.
철학은 다채로움을 그저 바라보고, 풍성한 일상 언어로 표현하는 것.
언어의 한계를 뛰어넘어 말할 수 없는 것은 침묵해야 한다.

2. 고전 읽기(1): 철학자들의 생각

정의, 존재, 죽음, 생성, 삶, 아름다움과 같은 것들은 말할 수 없는 것이니
이런 것들을 멋대로 멋있게 말로 표현하여 무엇인가를 규정하려 하고
자기만의 이론이나 주의(ism)를 만들려고 하는 것은 철학자들의 [허영]이다.
이런 것들은 파리가 파리통에 빠져있는 것처럼
철학을 숨 막히는 공간에 빠뜨린다.
어떤 면에서, 나는 철학을 없애기 위해 철학을 한다.
철학은 행동일 뿐이다. 가령, 도덕이란 멋스럽게 말로
표현·규정하는 것이 아니라 삶의 상황에 따라
그저 묵묵히 남을 배려해 주고 정직하게 행동하는 것이다."
명예 또한 자신의 삶에서 구체적 행동으로 하나하나 보여야 하는 것.
자기만의 세계에서 신비적, 몽환적으로 규정된 명예는 단지 허영일 뿐이다.

(비트겐슈타인: 철학적 탐구)

꼭 뛰어난 업적을 가진 자들이 명예를 얻는 것은 아니다.
명예의 역할은 인간적 삶의 가치와 목표 그리고 꿈을 제공하는 것이다.
명예는 우리의 '삶의 방향'을 제시한다.
삶의 결과물, 업적으로 명예가 결정된다면 그것은 삶을 어지럽힐 것이다.
서로 다른 우리는 같은 결과물을 낼 수 없기 때문이다.
이렇게 명예의 역할은 누구나 따를 수 있는 삶의 방향을 제시하는 것.

10. 꿈의 구조도에 대하여

2. 고전 읽기(1): 철학자들의 생각

존경하는 것은 링컨의 평등에 대한 의지이지 그의 직위가 아니다.
명예로운 삶은 업적과 무관하다.
업적이 적고 보잘것없다고 명예를 포기하는 일은 없어야 한다.
가령, 당신이 평등에 대한 의지가 있고
그 삶을 신실하게 산다면 당신은 링컨과 다를 바 없이 명예로운 것이다.
또한, 당신이 오랫동안 성실한 삶, 용기 있는 삶을 살았다면
누가 그것을 알아보지 못해도 당신은 충분히 명예롭다.
"지상의 교육은 명예를 조작한다. 국가가 나서서 교육을 통제한다는 것은
사람들을 똑같은 틀에 맞추어 길러내려는 어리석은 방편에 불과하다."
이는 똑같은 목표, 똑같은 명예를 지향, 삶을 경쟁으로 피폐하게 한다.
명예는 개별적인 것이어야 하고, 그 개별성 속에서 삶은 자유롭고 풍요롭다.
명예는 삶을 관통하는 진리에 대한 추구이다.
루소가 말한 바와 같이, 이것은 누구나 언제나 가능한 것이다.
자유로운 삶을 추구하거나, 평등을 위한 삶을 추구하거나
정의로운 삶을 추구하거나, 도덕적 삶을 추구하거나, 평화로운 삶을 추구하
거나 타인을 즐겁게 하는 삶을 추구하거나, 미지 세계 탐험을 추구하거나
사람들을 조금씩 돕거나, 산과 바람을 그려 아름다움을 창조하거나
책을 많이 읽어 지혜를 전달하거나, 과학으로 사람들을 계몽하거나 …
명예는 젊은이들의 꿈이다.
타인의 명예를 모방하지 말고 자신만의 명예를 만들라.

2. 고전 읽기(1): 철학자들의 생각

"자신의 명예를 선택하고 설계하는 것은
본인이 타고 난 숨겨진 비밀 능력을 훨씬 더 많이 사용할 수 있게 하니"
개별적 삶, 자신의 궤적, 그의 명예를 두려움 없이, 자긍심으로
선택하도록 도와주는 것, 이것이 진실한 교육자의 최대 덕목이다.

(존S밀: 자유론)

우리 처량한 인간은 명예는커녕 치욕스럽지 않게만 살면 다행이라 생각한다. 남들만큼 먹고 입고 자고 하는 것, 즐거운 일을 하는 것, 경조사에 참석하여 자기 장례식에 올 사람 수를 늘리는 것, 사람들과의 모임에 빠지지 않아 훌륭한 인간관계를 가진 자라는 평가를 받는 것, 병에 걸리지 않도록 하고 때때로 병을 극복하는 것, 자식들에게 조금이라도 재산을 물려주는 것, 여기에 가끔 남들이 잘하지 못하는 것으로 자신의 자랑거리를 만드는 것, 그렇게 나태한 족속인 인간이, 이렇게 바쁜 일이 많은데, 어떻게 명예를 만들 시간이 있겠는가?

악마가 사람을 위한 변명을 하지만 이는 악마의 교묘한 술수이다. 악마가 열거한 삶의 여러 가지 일을 관통하는 그 무엇이 바로 명예이다. 남들만큼 먹고 입고 자기 위한 재물을 모을 때 재물을 사람들과 공평하게 취하며, 즐거운 일을 할 때 평등하게 즐겁도록 배려하고, 자기 장례식에 올 사람 수를 늘리기 위해

10. 꿈의 구조도에 대하여

2. 고전 읽기(1): 철학자들의 생각

다른 사람들의 경조사를 공평하게 정성으로 도우며, 사람들과의 모임에 빠지지 않아 훌륭한 인간관계를 가진 자라는 평가를 받기 위해 그들 모두를 친절히 그리고 평등하게 대하고, 병에 걸리지 않도록 하고 병을 극복하기 위해서 하는 행동에도 다른 사람을 충분히 고려하여 자신의 병만 헤아리는 우를 범하지 않으며, 자식들에게 조금이라도 재물을 물려주기 위해 재물을 모을 때 사람들과 공평하게 이익을 나누고, 가끔 남들이 잘하지 못하는 것으로 자신의 자랑거리를 만들어도 사람들의 자존감과 평등심이 상처받지 않도록 배려하는 것, 이것이 명예로운 삶이다. 사람은 조금만 자신의 마음과 행동을 바꾸면, 평범한 삶이 명예로움으로 넘쳐난다.

우리가 어떤 사회에 태어났다는 것은
그 사회로부터 이미 많은 도움을 받고 출생했다는 것을 의미한다.
사회를 위한 기여와 반환은 명예로운 것이 아니라, 의무이다.
명예는 사람들이 어렵고 두려워서 하지 못하는 것과 관련이 많다.
그러므로 명예와 숭고한 용기는 크게 다르지 않은 말이다.
**슬픔, 분노, 고통, 두려움과 같은 마음의 병에서 벗어나
아름다운 품위를 지키는 것 또한 용기이자 명예이다.**
전쟁에서 승리한 자보다 평화를 지켜낸 자가 더 용기 있는 자이다.
나는 스토아적 현실 도피가 아닌

2. 고전 읽기(1): 철학자들의 생각

실제적이고 적극적인 공동체 변화를 위한 실천을 중시한다.
부조리와 압제적인 권력에 대항함으로써
사람들의 고통을 조금이라도 실제로 덜어주는 것이 명예롭게 사는 것이다.
이때 그것을 수행하는 자신의 양심이 바로 신(神)이다.

(키케로: 의무론)

그날의 명예를 위해 오늘의 불명예를 인내하는가?
'그날'은 거의 오지 않는다.
명예로운 삶이란 자신 대부분의 것을 희생하여
인간 일반의 향상을 위해 오랫동안 노력하는 삶에만 주는 훈장.
명예의 기준은 공동체적 유익성과 그 행위의 지속성이다.
어느 날 갑자기 재산을 기부하는 것은 훌륭하지만 명예로운 것은 아니며
어느 날 아침 갑자기, 유명해질 수는 있어도 명예로운 삶은 결코 얻을 수 없다.
<u>명예롭게 살려는 그대들, [보다 높은 인간]에게 고한다.</u>
"시장으로부터 떠나라!"
아무리 이야기해도 시장 천민은 아무도 '보다 높은 인간'을 믿지 않는다.
천민은 이렇게 말하며 눈을 깜빡인다. '우리는 평등하다. 신 앞에서 평등하다.'
천민 앞에서 평등하지 말라. 이제 신은 죽었다. 우리는 초인을 기다린다.
<u>자신 속에 음흉하게 숨어있는 천민 정신을 몰아내라.</u>

2. 고전 읽기(1): 철학자들의 생각

이제 자신 속에서 힘을 키우는 초인이 우리 마음속 천민과 전쟁을 시작했다.
오늘날은 '소심한 자들'이 주인이 되었고 순응, 겸손, 재치, 근면을 설교한다.
노예 출신, 천민 잡동사니, 그들이 운명의 주인공이 되려고 한다.
이들은 묻고 또 물으면서 지치지도 않는다.
'인간은 어떻게 가장 좋게, 가장 길게, 가장 즐겁게 보존되는가?'
이렇게 물음으로써 그들은 오늘의 주인이 되어 버렸다.
주사위를 잘못 던졌는가? 모두 실패작인가? 보다 높은 것일수록 실패하기 쉬운 법.
용기를 내라. 그것이 무슨 상관인가? 얼마나 많은 것들이 아직도 가능한가?
그대들, 사납고 거친 바람처럼 행동하라!
하찮은 것, 사소한 것에 신음하는 엉겁퀴 머리를 세찬 바람으로 정리하고
사납고 자유로운 폭풍과 같은 정신으로 크게 웃어넘겨라."
그대들, 보다 높은 인간들이여!
이제 우리는 자신 속에서 힘을 키우는 초인이 천민과 전쟁을 다시 시작했다.
'초인의 명예를 회복하라. 그대의 명예를 회복하라.'

(니체: 짜라투스트라는 이렇게 말했다)

천상의 인류 정신은 명예로움을 위하여 "흥정하듯 쇠푼을 받지 말고, 행동으로 명예를 증명할 것이며, 신비적 몽환적인 허영적 명예를 버리고, 자신 속에 음흉하게 숨어있는 천민 정신을 몰아낼 것을" 지상 사람들에게 제언(提言)하고 있다.

2. 고전 읽기(1): 철학자들의 생각

지혜의 신, 아테나는 지상의 사람들에게 명예에 대하여 이렇게 전한다.

"명예를 위해 살면 사람들에게 인정받을 것이고
명예롭게 살면 자신에게 인정받을 것이다."

"단 하나뿐인 것은 아름답거나 추하지 않고
많거나 적지도 않으며, 위대하거나 초라하지도 않다."

🔹 명예를 위해 살면 명예롭지 않다.

진리를 안다고 달라질 것은 없다.
그러나 삶을 피하지 않고 두려워하지 않는 것으로
그 가치는 충분하다.

2. 고전 읽기(1): 철학자들의 생각

문제 3 각 철학자들이 말하는 핵심 내용을 설명하시오.

❋ 3. 명예를 위해 살면 명예롭지 않다.

1.

2.

3.

4.

5.

6.

7.

2. 고전 읽기(1): 철학자들의 생각

문제 4 삶의 꿈과 목표에 철학자들의 생각을 연결시켜 논하시오. (600자)

✿ 세 명 이상의 철학자 생각을 인용하면서 논할 것.

2. 고전 읽기(2): 한비, 한비자

"도서관 이용 학습"
아래 고전 읽기 책을 도서관에서 대여하여 읽고 문제의 답안을 작성하시오.

한비   한비자

韓非子 (BC280~BC233)

공자는 어짊(仁)과 예(禮)로써
묵자는 평등한 사랑(愛)에 의해
노자는 무욕의 자연적 순리 (無爲自然)를 바탕으로
세상을 살아가고 사람을 다스려야 한다고 주장한다.
이에 대하여 한비자는
세상과 사람이 그렇게 선하지 않기 때문에
법술세(法術勢), 법가 사상으로 다스려야 한다고 주장한다.
우리의 꿈은 여러 가치와 중요 철학을 인식하고
그를 바탕으로 자신의 가치와 철학을 만들어 가는 과정이다.

* Ref: 한비자, 한비, 주니어김영사, 1장, p12~31 (2010)

2. 고전 읽기(2): 한비, 한비자

한비자, 한비, 주니어김영사, 1장, p12~17 내용을 읽고 답하시오.

2. 고전 읽기(2): 한비, 한비자

한비자 제1장을 읽고 요약 기술하시오.

(1) Page 문장 방식으로 (18~20 문장) 작성하시오. (그 Page에서 가장 중요한 핵심 내용을 파악하여 기술함)
(2) 다른 사람에게 설명할 수 있도록 발표원고(설명문) 형식으로 정리하시오.

답안

1.
2.
3.
4.
5.
6.

요약 (150자)

2. 고전 읽기(2): 한비, 한비자

한비자, 한비, 주니어김영사, 1장, p18~24 내용을 읽고 답하시오.

2. 고전 읽기(2): 한비, 한비자

한비자 제1장을 읽고 요약 기술하시오.

(1) Page 문장 방식으로 (18~20 문장) 작성하시오. (그 Page에서 가장 중요한 핵심 내용 파악, 기술함)
(2) 다른 사람에게 설명할 수 있도록 발표원고(설명문) 형식으로 정리하시오.

답안

7.

8.

9.

10.

11.

12.

13.

요약 (150자)

2. 고전 읽기(2): 한비, 한비자

한비자, 한비, 주니어김영사, 1장, p25~31 내용을 읽고 답하시오.

2. 고전 읽기(2): 한비, 한비자

한비자 제1장을 읽고 요약 기술하시오.

(1) Page 문장 방식으로 (18~20 문장) 작성하시오. (그 Page에서 가장 중요한 핵심 내용 파악, 기술함)
(2) 다른 사람에게 설명할 수 있도록 발표원고(설명문) 형식으로 정리하시오.

답안

14.

15.

16.

17.

18.

19.

20.

요약 (150자)

3. 주제 토론: 제3의 탄생과 꿈의 구조도의 관계

[제3의 탄생]

제1의 탄생 : 육체의 탄생 (육체의 독립)
제2의 탄생 : 정신의 탄생 (정신의 독립)
제3의 탄생 : 가치의 탄생 (가치의 독립)

[개별 의지에 의한 개별 가치]

[나]라는 특성을 가진 육체적, 정신적 인간 탄생을
[제 2의 탄생] 루소 으로 정의한다.
이는 모든 사람이 겪는 일반 보편 현상이다.

그 후, 자기 존재의 의미를 알게 됨으로써 또다시 탄생한다.
인생에서 무엇이 중요한 것이며
그것을 위해 어떻게 살아야 하는지에 대한
자기성찰과 개별의지를 가지게 될 때
비로소 **[제3의 탄생]**을 시작한다.

인생의 가치를 스스로 결정하는
[제3의 탄생]을 하지 못하고
시간을 그렇게 흘려 보낼 것인가?

3. 주제 토론: 제3의 탄생과 꿈의 구조도의 관계

문제 1 꿈의 구조도에 자신의 꿈과 그것을 위한 개인적 행동과 사회적 활동을 기입하시오.

답안 1

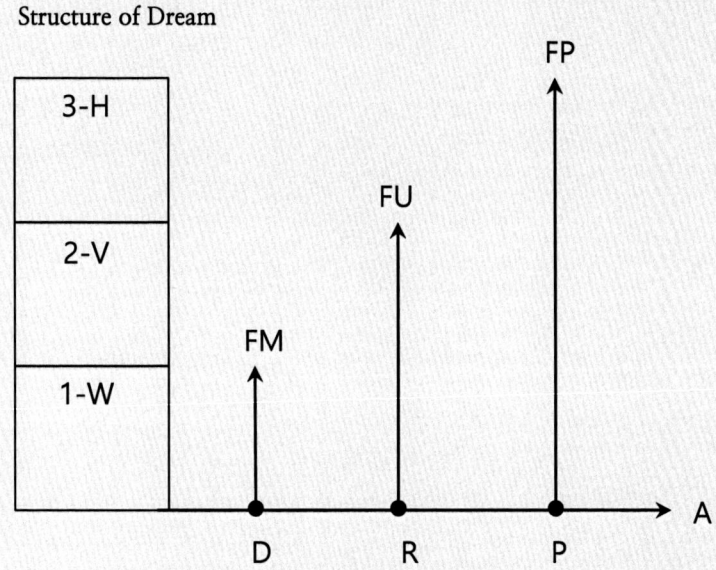

Structure of Dream

3. 주제 토론: 제3의 탄생과 꿈의 구조도의 관계

문제 2

(1) 꿈의 구조도에서 제3의 탄생이 무엇인지 설명하시오.
(2) 제3의 탄생을 위해 알아야 할 것은 [인생에서 무엇이 중요한 것이며, 그것을 위해 어떻게 살아야 하는지]이다. 가치를 위한 꿈을 위해 하루하루 해야 할 일을 DRP 관점으로 무엇인지 기술하시오.

답안 2

(1)

200자

(2)

400자

5. 천자문 (10/125)

龍(용 룡) 師(스승 사) 火(불 화) 帝(임금 제)
용으로 스승을 삼고 불로써 임금을 삼으며

鳥(새 조) 官(벼슬 관) 人(사람 인) 皇(황제 황)
새로써 관직을 삼으니 비로소 그가 황제가 된다.

용사화제　　　조관인황

龍師火帝며　鳥官人皇이라.

용기와 지혜를 배우며, 공평과 엄격함으로 자신을 다스린다.
직위와 명예를 가볍게 여기니, 비로소 올바른 사람이 된다.

[한자 세 번, 뜻 한 번을 쓰시오]

5. 명심보감 (明心寶鑑)

권학편 (勸學篇)

人不通古今이면　馬牛而襟裾라
인불통고금 이면　마우이금거 라.

사람이 고전의 교훈과 정신을 배워 현재에 적용하지 않으면
말이나 소가 옷을 입은 것과 같다.

군자란
과거의 것과 현재의 것을 통합하는 사람이다.

[한자 두 번, 뜻 한 번을 쓰시오]

7. 논술 / 글쓰기

[문제] 아래 〈물음〉에 대하여 자신의 생각을 자유롭게 논술하시오. *

사형제도는 정당한가?

※ 자신의 명확한 의견과 그 의견에 대한 근거, 세 가지 이상 기술할 것.
  . 한비자, 법술세(法術勢)의 이성적, 논리적 사고를 적용하여 설명할 것. (법치주의)
  . 공자, 묵자, 노자의 사상도 인용하면서 설명할 것.

* 철학 올림피아드 문제

답안

인문고전 추천 10

그리스로마 신화 (무명)

고대인들의 수많은 신화 중에서도 『그리스·로마 신화』는 역사적으로 가장 깊은 영향을 서양 문명에 끼쳤을 뿐만 아니라 전 세계적으로 알려져 있다. 그리스신화의 발상지인 올림포스 산꼭대기 신들의 처소에 머물며 인간의 삶에 영향을 끼친다는 그리스신화의 중심이 되는 열두 신(神)들은 현대인들에게도 친숙한 이름으로 다가온다.

올림포스 최고의 신으로 하늘과 기후, 법과 질서를 다스리는 제우스(Zeus), 제우스의 누이이자 아내로 신들의 여왕이며 일과 결혼을 주관하는 헤라(Hera), 바다와 강의 신으로 가뭄과 홍수, 폭풍, 지진을 주관하는 포세이돈(Poseidon), 땅의 풍요를 관장하는 대지의 여신 데메테르(Demeter), 지혜와 전쟁의 여신 아테나(Athena), 전쟁의 남신 아레스(Ares), 음악과 예언을 주관하는 광명의 신 아폴론(Apollon), 사냥의 여신 아르테미스(Artemis), 미와 사랑의 여신 아프로디테(Aphrodite), 여행과 전령의 여신 헤르메스(Hermes), 불과 대장장이의 신 헤파이스토스(Hephaestos), 술과 연회를 주관하는 광기의 신 디오니소스(Dionysos) 등이다.

특이한 것은 이 신들은 혈연관계로 맺어져 있다. 이 중에 제우스, 헤라, 포세이돈, 데메테르는 크로노스(Cronos)와 레아(Rhea) 사이에서 태어난 1세대 올림포스 신들이다. 제우스는 아버지 크로노스를 물리치고 거인신 종족인 타이탄(Titan)들을 쫓아내 최고 신이 되었다고 한다.

나머지는 제우스의 자녀들로 2세대 올림포스 신들이다. 예를 들면, 아테나는 제우스의 머리에서 딸로 태어났다는 식이다. 이 신들은 신들끼리 서로 사랑하고 시기하며 다툴 뿐만 아니라 인간들과도 교류하며 밀접한 관련을 맺게 된다. 그 과정에서 무궁무진한 스토리들이 쏟아져 나온 것이 바로 그리스신화다.

* Ref: 관련 백과사전 등 참고

그리스 로마 신화 속의 신

그리스로마 신화 속의 신		신의 역할
Zeus	제우스	올림푸스 신족의 주신
Hera	헤라	제우스의 본처 (결혼, 가정의여신)
Aphrodite	아프로디테	사랑과 미의 여신
Apollon	아폴론	태양의 신
Ares	아레스	전쟁의 신
Eos	에오스	새벽의 여신
Artemis	아르테미스	달과 사냥의 여신
Selene	셀레네	죽음의 의인화. 사신
Athena	아테나	지혜의 여신 / 전쟁의 여신
Helios	헬리오스	태양의 신
Charites	카리테스	우미학(優美學)의 여신
Cronos	크로노스	농경의 신
Demeter	데메테르	농업,결혼,사회. 질서의 여신
Dionysos	디오니소스	술의 신 / 축제의 신
Eros	에로스	사랑의 신
Hebe	헤베	청춘의 여신
Gaia	가이아	대지의 여신
Hades	하데스	지하계의 신
Hephaestos	헤파이스토스	불과 대장장이의 신
Hermes	헤르메스	전령의 신. 상업의 신
Hestia	헤스티아	불과 화로의 신
Lato	라토	제우스의 애인
Hypnos	히프노스	잠의 신
Nike	니케	승리의 여신
Mousai	무사이	음악.학문, 예술의 여신
Tyche	티케	행운의 여신
Oceanos	오케아노스	대양의 신
Pan	팬	목신 (牧神)
Persephone	페르세포네	명계(冥界, 저승)의 여왕
Rhea	레아	풍요의 여신
Poseidon	포세이돈	바다의 신
Thanatos	타나토스	죽음의 의인화.사신 (死申)
Uranos	우라노스	하늘의 신, 가이아의 남편

* Ref: 관련 백과사전 등 참고

그리스 로마 신화 속의 신 (빈칸을 채우시오)

그리스로마 신화 속의 신		신의 역할
		올림푸스 신족의 주신
		제우스의 본처 (결혼, 가정의여신)
		사랑과 미의 여신
		태양의 신
		전쟁의 신
		새벽의 여신
Artemis	아르테미스	달과 사냥의 여신
		죽음의 의인화. 사신
		지혜의 여신 / 전쟁의 여신
Helios	헬리오스	태양의 신
Charites	카리테스	우미학(優美學)의 여신
Cronos	크로노스	농경의 신
Demeter	데메테르	농업,결혼,사회. 질서의 여신
		술의 신 / 축제의 신
		사랑의 신
		청춘의 여신
		대지의 여신
Hades	하데스	지하계의 신
Hephaestos	헤파이스토스	불과 대장장이의 신
		전령의 신. 상업의 신
Hestia	헤스티아	불과 화로의 신
Lato	라토	제우스의 애인
Hypnos	히프노스	잠의 신
		승리의 여신
Mousai	무사이	음악.학문, 예술의 여신
		행운의 여신
Oceanos	오케아노스	대양의 신
		목신 (牧神)
Persephone	페르세포네	명계(冥界, 저승)의 여왕
Rhea	레아	풍요의 여신
		바다의 신
Thanatos	타나토스	죽음의 의인화.사신 (死申)
Uranos	우라노스	하늘의 신, 가이아의 남편

* Ref: 관련 백과사전 등 참고

독서노트 (10)

[그리스로마 신화에 흐르는 정신에 대하여]

1. 저자: 불명

2. 도서: 그리스로마 신화

3. 독서노트
 (1) 그리스로마 신화 내용 중 자신의 마음을 움직이는 열 가지 이야기를 정리하시오. (각 100자)
 (2) 각 이야기의 제목을 만들고 각 내용을 단문(한 문장)으로 표현하시오. (예, **제목**: 영원한 우정, **단문**: 같이 기뻐해 주는 자가 진정한 친구이다.)
 (3) 각 이야기에서 나타내고자 하는 내용에서 공통적으로 흐르는 주제를 도출하고, 그 이유를 구체적으로 서술하시오. (400자)

4. 기간 : 2주

독서노트

(1) 그리스로마 신화 내용 중 자신의 마음을 움직이는 열 가지 이야기를 정리하시오.
 (각 100자)

1.

2.

3.

4.

5.

독서노트

(1) 그리스로마 신화 내용 중 자신의 마음을 움직이는 열 가지 이야기를 정리하시오.
(각 100자)

6.

7.
                                                                    200자

8.
                                                                    400자

9.
                                                                    600자

10.

독서노트

(2) 각 이야기의 제목을 만들고 각 내용을 단문(한 문장)으로 표현하시오. (예, 제목: 영원한 우정, 단문: 같이 기뻐해 주는 자가 진정한 친구이다.)

1.

2.

3.

4.

5.

독서노트

(2) 각 이야기의 제목을 만들고 각 내용을 단문(한 문장)으로 표현하시오. (예, 제목: 영원한 우정, 단문: 같이 기뻐해 주는 자가 진정한 친구이다.)

6.

7.

200자

8.

9.

400자

10.

600자

독서노트

(3) 각 이야기에서 나타내고자 하는 내용에서 공통적으로 흐르는 주제(교훈)를 도출하고, 그 이유를 구체적으로 서술하시오. (400자)

Summary

1. 나에 대하여
  : 자신의 꿈 속에서 나를 위한 일 다섯 가지 (FM), 우리를 위한 일 다섯 가지 (FU), 사람들을 위한 일 다섯 가지 (FP)를 기술하시오.

2. 고전 읽기
  : 한비자

3. 주제 토론
  : 제3의 탄생과 꿈의 구조도의 관계

4. 천자문 / 명심보감

5. 논술 / 글쓰기
  : 사형제도는 정당한가?

6. 독서 노트
  : 그리스 로마 신화

꿈의 구조도에 대하여

✿ 10. 꿈의 구조도에 대하여 자신의 생각을 종합하시오.

11. 생각의 지도에 대하여

우리는 자신의 생각이 정리되어 있는가?

지금 머리 속에 있는 생각을 지도로 그리면
어떻게 표현할 수 있는가?
생각의 지도를 그리는 방법에 대하여 생각해 보자.

11. 생각의 지도

✿ 우리의 생각(사유, 思惟)은
존재와 반존재
의지와 반의지
인식과 반인식으로 구성되는
아홉 개의 선형적 세계
열두 개의 평면적 세계
여덟 개의 공간적 세계로 이루어진다.
이와 같은 총 스물아홉 개의 세계로 만들어지는 생각의 공간을
사유 공간이라 한다.

✿ 자신의 생각이 지금 어디에 있고
(어떤 사유 공간인지?)
또 어떤 궤적으로 변화하고 있음을 알게 되면
자신이 어디로 가야 하는지를 알 수 있게 된다.

1. 나에 대하여

1장~10장까지의 철학자들이 가르치는 가치와 정신에 대하여 기술하고, 그것을 자신의 꿈과 삶에 어떻게 적용할지 깊이 고민하여 설명하시오.

11. 생각의 지도

❀ 1장 ~ 11장 철학자들의 가치와 정신

1. 과거를 창조함: 소크라테스 → 옳음을 위한 전진
2. 소극적 자유와 적극적 자유: 니체 → 자격을 위한 용기
3. 자유 의지: 도스토예프스키 → 인생 가장 중요한 가치, 자유의지
4. 자유로운 일과 자유를 주는 일: 아우렐리우스 → 자유를 주는 일
5. 창조의 힘 개별의지: 루소 → 쇠사슬을 끊음
6. 개별의지의 적용: 플라톤, 일반의지 → 자유의지 → 개별의지
7. 선택받는 삶과 선택하는 삶: 데카르트 → 귀납 사고
8. 올바름과 어리석음: 플라톤, 기게스의 반지 → 노력하지 않으면 올바를 수 없음, 죄수 동굴의 비유 → 어리석음에서 깨어남
9. 제3의 탄생: 베이컨, 신논리학 → 우상을 깨뜨리고 부조리에 대항
10. 꿈의 구조도: 한비자 ▸ 법술세의 이성적, 논리적 법치주의 사고
11. 생각의 지도: 통합사유철학강의 → 생각을 차분히 정리하여 자신의 길, 자신의 가치, 자신의 철학을 만듦

2. 독서: 통합사유철학강의

우리의 생각은
아홉 개의 선형적 세계
열두 개의 평면적 세계
여덟 개의 공간적 세계로 이루어진다.
이와 같은 총 스물아홉 개의 세계로 만들어지는 생각의 공간을
사유 공간이라 한다.

2. 독서: 통합사유철학강의

1. 사유 공간의 구성 요소

우리 인간 역사상 중요한 철학자들은 존재의 원자론적 본질론부터 시작하여, 무위 자연주의, 합리주의, 경험주의, 동서양의 관념론, 실존주의로 생각을 넓혀 갔다. 그들은 우리의 삶을 통찰했고 우리를 이끌었다. 그들의 생각은 민중에 파고들어 오랫동안 유지한 가치와 도덕, 그리고 삶을 바꾸었다. 칸트와 같이 철저하고 근면한 철학자도 있었고 니체와 같이 인간 생각의 한계를 넘는 감동스런 생각의 범람을 우리에게 선물하기도 하였다.

우리 위대한 철학자들은 무엇이 선과 악인지, 무엇이 옳고 그른지, 그리고 무엇이 진실이고 거짓인지를 알고 싶어 했다. 그리고 그들 모두 자신만의 논리와 화법으로 우리에게 그것이 무엇인지 알려 주었다. 그들은 모두 놀라울 정도로 독창적이었으며 그렇지 않은 자들은 아류(亞流)로서 우리들의 기억에서 사라졌다. 이는 앞으로도 다르지 않을 것이다. 그러나 우리 위대한 철학자들로부터 무엇인가 공통점이 발견된다. 그들의 사유 방법은, 대부분의 경우, 인간(주체)과 대상(객체) 사이에서 일어나는 현상을 분석하는 것이었고

2. 독서: 통합사유철학강의

그 속 숨겨진 진리가 우리에게 자유와 행복을 줄 것이라고 생각했다. 그리고 실제로 그러했다. 그러나 우리는 우리의 역사상 위대한 철학자들이 이야기하는 사유 속에 더 공통적인 메시지가 있을 것이라는 생각을 갖는다.

　　　　우리의 생각은 무엇으로 구성되는가. 생각하려면 대상이 있어야 한다. 그 대상이 어떤 존재이든 무엇인가 생각하려면 존재는 있어야 한다. 그리고 생각은 의지가 없으면 지속되지 않는다. 감각을 통해 들어오는 정보들을 우리는 생각이라 하지 않는다. 어떤 것이 생각되려면 그것을 유지하려는 의지가 있어야 한다. 생각이 조금 지속되면 누구에게나 무엇인가 생각이 정리되기 시작한다. 이것이 인식이다. 이렇게 시시각각 변하는 우리의 사유는 존재, 의지, 인식이 구성하는 생각의 양태(樣態)라고 말할 수 있다. 일정 체계를 가진 생각, 사고(思考)를 사유(思惟)라 정의한다.

　　　　우선, 물(物, 대상)은 존재와 [반존재]로 구성된다. 존재는 실존이고 [반존재]는 존재 속 감추어진 허상이다. 물(物)의 세계는 존재와 [반존재]의 선형 세계를 구성한다. 그리고 힘은 의지와 [반의지]로 구성된다. 의지는 자유로운 움직임이고 [반의지]는 자유롭지

2. 독서: 통합사유철학강의

못하고 억압된 힘이다. 힘의 세계는 의지와 [반의지]의 선형 세계를 구성한다. 마지막으로, 앎은 인식과 [반인식]으로 구성된다. 인식은 드러난 앎이고 [반인식]은 드러나지 않은 앎이다. 앎의 세계는 인식과 [반인식]의 선형 세계를 구성한다.

[반존재], [반의지], [반인식]에 대한 정의와 구체적 고찰은 후술한다. 모두는 아니겠지만, 많은 사람이 우리가 알 수 없는 삶의 양태(樣態)를 특정한 다른 사유 공간과 관계 맺는 것에 동의할 것으로 생각한다. 우리는 본 서(書)에서 지금까지와 다른 사유 공간에 대하여 정의하고 탐구할 것이다.

2. 독서: 통합사유철학강의

문제 1 사유 공간의 구성요소를 구체적으로 설명하시오.

2. 독서: 통합사유철학강의

2. 사유 공간의 배치

사유 공간은 우선 세 가지 세계로 분류된다. 선형 사유 세계, 평면 사유 세계, 공간 사유 세계이다. 선형적 세계는 존재와 [반존재]가 이루는 선형 세계, 의지와 [반의지]의 선형세계, 인식과 [반인식]이 이루는 선형 세계이다. 서로 대칭이고 사유 공간의 기본 좌표이며, 3개의 기본 선형적 사유 세계를 구성한다.

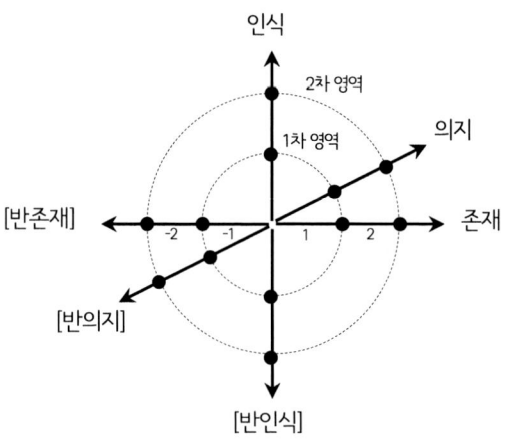

평면적 세계는 수평 평면 세계와 수직 평면 세계로 구성된다. 수평 평면 세계는 의지-존재, 의지-[반존재], [반존재]-[반의지]

2. 독서: 통합사유철학강의

그리고 [반의지]-존재, 4개의 평면 세계이다. 수직 평면 세계는 존재-인식, 의지-인식, [반존재]-인식, [반의지]-인식, 네 가지로 구성된 인식 평면 세계와 존재-[반인식], 의지-[반인식], [반존재]-[반인식], [반의지]-[반인식], 네 가지로 구성된 [반인식] 평면 세계로 구성된다. 이와 같이 평면 사유 세계는 12개의 사유 평면으로 구성된다.

공간적 세계는 인식 공간과 [반인식] 공간 세계로 구성된다. 인식 공간 세계는 [제1 공간] 존재-의지-인식(사유 표출 공간), [제2 공간] [반존재]-의지-인식(실체 상실 공간), [제3 공간] 존재-[반의지]-인식(진리와 가치에 대한 무력 공간), [제4 공간] [반존재]-[반의지]-인식(허무적 니힐리즘 공간), [제5 공간] 존재-의지-[반인식](잠재 공간), [제6 공간] [반존재]-의지-[반인식](숨겨진 개별 질서 공간), [제7 공간] 존재-[반의지]-[반인식](실체적 무의식 공간), [제8 공간] [반존재]-[반의지]-[반인식](분열 공간)의 사유 공간으로 구성된다. 이와 같이 공간 사유 세계는 8개의 사유 공간으로 구성된다. 이때 인식 관점을 중심으로 분류하면 인식 공간과 [반인식] 공간으로 양분되며, 의지 관점을 기준으로 의지 공간과 [반의지] 공간, 존재 관점을 기준으로 하면 존재 공간과 [반존재] 공간으로 크게 양분된다.

2. 독서: 통합사유철학강의

　　각 영역은 인간 일반의 지적 능력에 따른 사유로 도달할 수 있는 1차 (사유) 영역과 부단한 사유 작용 결과로서 도달할 수 있는 2차 (사유) 영역으로 구분된다. 보통 둘 사이의 벽은 제3의 탄생을 [나]에 대하여, 자유정신사, 제3의 탄생, p136 (2012) 통하여 무너져, 사유 공간이 크게 확대된다. 1차 영역과 2차 영역을 기준으로 공간을 재배치하면 사유 공간은 64개의 세부 공간으로 분류된다. 예를 들면, [제1 사유 공간], 존재-의지-인식 공간은 8개의 세부 공간으로 분류된다. 이들은 [1차 존재-1차 의지-1차 인식 공간], [1차 존재-1차 의지-2차 인식 공간], [1차 존재-2차 의지-1차 인식 공간], [1차 존재-2차 의지-2차 인식 공간], [2차 존재-1차 의지-1차 인식 공간], [2차 존재-1차 의지-2차 인식 공간], [2차 존재-2차 의지-1차 인식 공간] [2차 존재-2차 의지-2차 인식 공간]으로 구성된 8개 세부 사유 공간이다.

2. 독서: 통합사유철학강의

문제 2 사유 공간의 배치에 대하여 구체적으로 설명하시오.

200자

400자

2. 독서: 통합사유철학강의

3. 사유 공간별 인간 사유 역사

이제부터 인간 일반 위대한 사유의 궤적을 분석한다. 우리의 위대한 철학가들을 각자 하나의 영역만으로 특정할 수는 없다. 그들의 생각도 아침, 저녁으로 달라질 수 있고, 청년 시대와 노년 시대의 생각은 궤적을 그리며 계속 변하기 때문이다. 비트겐슈타인은 자신의 청년 시절 철학을 비판했다. 분석은 다소 주관적일 수 있으며 저자 지식의 한계에 따라 오류가 있을 수 있다. 이는 각 철학자를 깊이 공부한 독자나 철학자에 의해 수정될 수 있을 것이다. 사실 그들의 생각은 누구도 정확히 알 수 없다. 지금 우리에게 중요한 것은 인간 일반 위대한 사유들의 좌표를 설정하려는 시도이다.

우리 철학의 역사는 여러 가지로 분류되었다. 소크라테스, 플라톤 학파로부터 스토아학파, 스콜라 철학, 합리주의, 경험주의, 실용주의, 실존주의, 포스트모더니즘까지 다양하다. 이는 철학의 관점으로 분류되어 역사적 시대와는 크게 관련은 없으나, 전반적으로 시대의 흐름에 따라 변화를 지속한다고 보아도 그렇게 틀리지 않는다. 그러나 우리가 지금 보는 관점은 그렇지 않다. 2500년 전 철학자

2. 독서: 통합사유철학강의

나 우리 현대 철학자나 동일한 기준으로 판단할 것이며, 순수 철학적 3차원 사유 관점으로 재분류할 것이다. 이렇게 우리 철학의 생각 역사 분석을 시작한다.

헤라클레이토스(BC540)는 [대립을 통한 역동이 세계를 창조한다.]라고 사유한다. 우리는 그를 [제1 사유 공간, 121] 좌표로 분석한다. 이는 [존재 제1 영역-의지 제2 영역-인식 제1 영역]을 의미한다. 그는 존재와 인식이 구성하는 일반 관념 영역을 깊이 의지함 역동적 대립 으로써 세계가 움직인다고 생각했다. 이와 동일한 방법으로 다른 모든 철학자의 생각을 분석했다.

8개의 사유 공간을 따라 그리고 시간을 따라 인간의 생각 흐름을 분석한 결과 65명의 철학자가 존재-의지-인식으로 구성되는 [제1 사유 공간]에 위치하고 있다. [반존재]-의지-인식의 [제2 사유 공간]에 3명, 존재-[반의지]-인식의 [제3 사유 공간]에 7명, [반존재]-[반의지]-인식의 [제4 사유 공간]에 1명, 존재-의지-[반인식]의 [제5 사유 공간]과 [반존재]-의지-[반인식]의 [제6 사유 공간]에는 사유의 궤적을 찾을 수 없었다. 존재-[반의지]-[반인식]의 [제7 사유 공간]에 2명, [반존재]-[반의지]-[반인식]의 사유 공간인 [제8

2. 독서: 통합사유철학강의

사유 공간]에 2명이 그 위치를 차지하고 있다. 이를 종합하면 다음 페이지부터의 표와 같다.

* Ref: 통합사유철학강의, 자유정신사, p11~18 (2014)

2. 독서: 통합사유철학강의

문제 3 사유 공간별 인간 사유 역사에 대하여 개략적으로 설명하시오.

200자

400자

3. 주제 토론: 생각의 지도

자신이 읽은 모든 책의 내용과 철학을 고려하여 그 핵심가치
(교훈)를 생각의 지도에 표시하시오.

답안

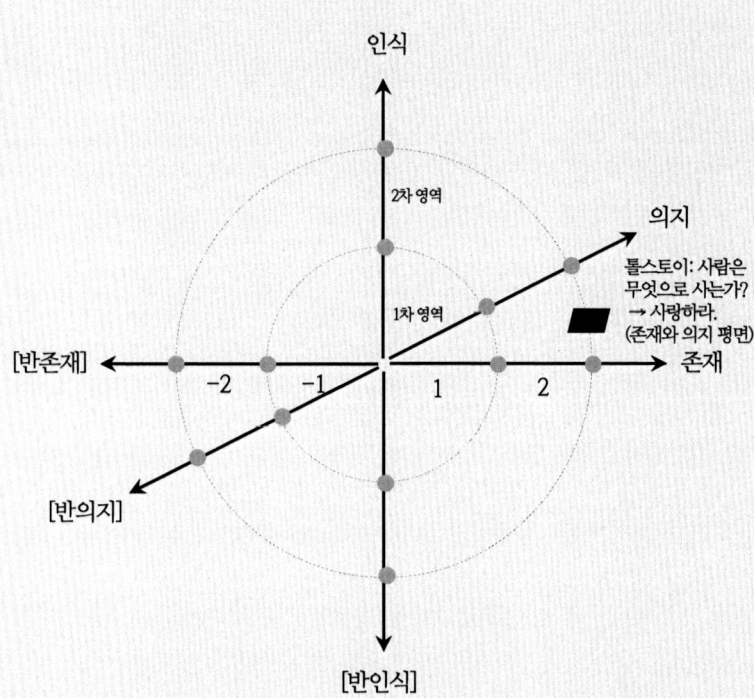

4. 천자문 (11/125)

始(처음 시) 制(지을 제) 文(글월 문) 字(글자 자)
문자를 처음 만들고

乃(이에 내) 服(옷 복) 衣(옷 의) 裳(치마 상)
이어 옷을 만들어 입혔다.

시제문자　　　내복의상
始制文字하고　乃服衣裳이라.

사람에게 가장 필요한 지식을 나누고
사람에게 가장 필요한 의식주를 해결하도록 돕고 나누는 것
이것이 군자의 도리이다.

[한자 세 번, 뜻 한 번을 쓰시오]

4. 명심보감 (明心寶鑑)

권학편(勸學篇)

學者如禾如稻(학자여화여도) 이고
不學者如蒿如草(불학자여호여초) 라.

배우는 것은 곡식과 같고
배우지 않은 것은 잡초와 같다.

배움의 목적은 곡식과 같은 사람이 되는 것이다.
바로 그가 군자이다.

[한자 두 번, 뜻 한 번을 쓰시오]

5. 논술 / 글쓰기

[문제] 아래 〈물음〉에 대하여 자신의 생각을 자유롭게 논술하시오. *

경쟁은 나쁜 것인가?

※ 자신의 명확한 의견과 그 의견에 대한 근거, 세 가지 이상 기술할 것.

※ 아래 내용들을 고려하시오.
 . 경쟁은 왜 생기는가?
 . 경쟁의 장점, 단점과 그 예시
 . 장단점 중 어느 쪽이 더 중요한가?

* 철학 올림피아드 문제

답안

인문고전 추천 11

보물섬 (로버트 스티븐슨)

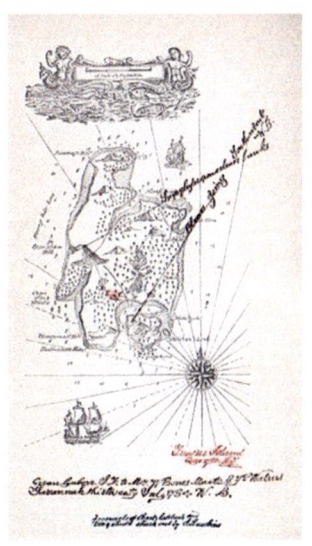

《보물섬》(寶物섬, Treasure Island)은 로버트 루이스 스티븐슨의 소설이다. 아들에게 모험 이야기를 들려주기 위해서 지었다고 한다. 1883년에 책으로 처음 출판한 보물섬은 원래 1881년부터 1882년까지 어린이 잡지 《영 포크스》(Young Folks)에 〈보물섬 또는 히스파니올라 섬의 반란〉(Treasure Island, or the mutiny of the Hispaniola)이라는 제목으로 연재했다.

한 해변의 허름한 여관에 얼굴에 칼 자국이 남아 있는 수수께끼의 인물인 빌리 본스(Billy Bones)가 큰 상자를 들고 나오면서 시작된다.

* Ref: 관련 백과사전 등 참고

11. 생각의 지도에 대하여

독서노트 (11차)

[보물섬에 흐르는 정신(교훈)에 대하여]

1. 저자: 로버트 스티븐슨

2. 도서: 보물섬

3. 독서노트
   (1) 보물섬의 등장 인물 7명의 특징을 기술하시오. (각 100자)
   (2) 보물섬의 등장 인물을 중심으로 내용을 요약하시오.
   (3) 보물섬에 흐르는 주제(교훈)를 도출하고, 그 이유를 구체적으로 서술하시오. (400자)

4. 기간 : 2주

독서노트

(1) 보물섬의 등장 인물 7명의 특징을 기술하시오. (각 100자)

독서노트

(2) 등장 인물을 중심으로 내용을 요약하시오. (600자)

독서노트

(3) 보물섬에 흐르는 주제(교훈)를 도출하고, 그 이유를 구체적으로 서술하시오. (400자)

Summary

1. 나에 대하여
 : 1장~10장까지의 철학자들이 가르치는 가치와 정신에 대하여 기술하고, 그것을 자신의 꿈에 어떻게 적용할지 깊이 고민하여 설명하시오.

2. 독서
 : 통합사유철학강의

3. 주제 토론
 : : 생각의 지도

4. 천자문 / 명심보감

5. 논술 / 글쓰기
 : 경쟁은 나쁜 것인가?

6. 독서 노트
 : 보물섬 (로버트 스티븐슨)

생각의 구조에 대하여

✿ 11. 생각의 구조에 대하여 자신의 생각을 종합하시오.

조용히 숨을 거두는 순간까지
자신을 최대로 하라.

- 진리의서, 자유정신사 -

12. 숭고한 나눔에 대하여

우리는 진정성을 갖고 나누고 있는가?

나눔을 통해
세상이 어떻게 바뀔 수 있는지
우리가 어떻게 바뀔 수 있는지에 대하여 생각해보자.

1. 나에 대하여

아래 인류 정신들의 가치 중 한 가지를 선택하여 자신의 삶에 어떻게 적용할지 기술하시오 (400자)

✿ 1장 ~ 11장 철학자들의 가치와 정신

1. 과거를 창조함: 소크라테스 → 옳음을 위한 전진
2. 소극적 자유와 적극적 자유: 니체 → 자격을 위한 용기
3. 자유 의지: 도스토예프스키 → 인생 가장 중요한 가치, 자유의지
4. 자유로운 일과 자유를 주는 일: 아우렐리우스 → 자유를 주는 일
5. 창조의 힘 개별의지: 루소 → 쇠사슬을 끊음
6. 개별의지의 적용: 플라톤, 일반의지 → 자유의지 → 개별의지
7. 선택받는 삶 / 선택하는 삶: 데카르트 → 귀납 사고
8. 올바름과 어리석음: 플라톤, 기게스의 반지 → 노력하지 않으면 올바를 수 없음, 죄수 동굴의 비유 → 어리석음에서 깨어남
9. 제3의 탄생: 베이컨, 신논리학 → 우상을 깨뜨리고 부조리에 대항
10. 꿈의 구조도: 한비자 → 법술세의 이성적, 논리적 법치주의 사고
11. 생각의 지도: 통합사유철학강의 → 생각을 차분히 정리하여 자신의 길, 자신의 가치, 자신의 철학을 만듦

2. 고전 읽기: 칼릴지브란, 예언자

칼릴지브란　　　예언자

(베풂에 대하여)

예언자

2. 고전 읽기: 칼릴지브란, 예언자

〈제시문〉 1

☐ 베풂

돈 많은 부자 한 사람이 물었다.
베풂에 대하여 말씀해 주십시오.
그는 이렇게 말했다.
그대들 소유한 것, 가진 것을 베풀 때, 그것은 베푸는 것이 아니다.
'진실로 베푼다' 함은 그대의 모두를 베푸는 것.
그대들, 가진 것이란 결국 무엇인가?
내일 혹 필요할까 염려로 지키는 것 외에.
내일, 성스러운 도시로 가는 순례자들을 쫓아가다
자기 뼈를 자취도 없이 모래에 묻어 버리는
너무나도 조심성 많은 개에게
과연 내일이 무엇을 줄 수 있겠는가?
모자랄까 두려운가?
그러나 두려워함 그것이 오히려 모자람을 만들 뿐.
그대들은 샘이 가득 차 넘쳐흐르는데
혹시 모자랄까 목마름을 두려워하는가?

많이 가졌지만 조금 베푸는 이들
이들은 누군가 알아주기를 바라며 베푼다.

2. 고전 읽기: 칼릴지브란, 예언자

그들의 은밀한 과시욕은
그 베풂의 선물을 불결하게 만든다.

그러나 가진 것은 조금이지만 모두를 베푸는 이들이 있다.
이들은 삶을 믿으며, 삶의 자비를 믿는다.
결국, 그들의 주머니는 결코 비지 않는다.

또한, 기쁨으로 베푸는 이들이 있으니,
그들의 보상은 바로 그 기쁨.

그러나 고통으로 베푸는 이들도 있으니,
그들의 세례식은 바로 그 고통.

**그러나 베풀되 기쁨도, 고통도 모르며
덕을 행한다는 생각도 없이 베푸는 이들이 있으니**
이것은 마치 저 계곡의 상록수가
허공에 그 향기를 풍기듯 그렇게 베푸는 것이다.
이때 그의 손길로 신은 말씀하시고
그의 눈(眼) 속에서 신은 미소 짓는다.

2. 고전 읽기: 칼릴지브란, 예언자

문제 1 다섯 가지 베풂을 정리, 기술하시오.

1.

2.

3.

4.

5.

2. 고전 읽기: 칼릴지브란, 예언자

〈제시문〉 2

도와달라는 말에 베푸는 것, 그것은 좋은 일이다.
그러나 도와달라는 말이 없어도, 사정을 이해하고 베푸는 것
그것은 더욱 좋은 일이다.
마음 넓은 이에겐 받을 이를 이해하고 찾는 것이
베풂 만큼 큰 기쁨이다.

그대, 지금 무엇을 움켜쥐고 있는가?
그것들은 모두 언젠가는 남에게 주어야 하는 것이니
지금 그것을 주라.
베풂을 그대 뒷사람이 하게 하지 말고
그대가 직접 주인공이 되라.

그대는 말한다.
「나는 베풀겠지만, 보답이 있어야 베풀겠다.」
그러나 그대의 과수나무, 목장의 양 떼는
그렇게 말하지 않는다.
그들은 베풂이 바로 삶이다.
서로 나누지 않고 움켜쥠은 모두가 멸망하는 길이리니.

2. 고전 읽기: 칼릴지브란, 예언자

낮과 밤을 맞는 누구라도
그대로부터 모든 것을 받기에 부족하지 않다.
삶의 바다를 마셔도 좋은 누구라도
그대의 작은 시냇물로
그의 잔을 채워주어도 좋은 사람이다.

그런데 그대는 어떤가,
사람들의 가슴을 아프게 하고 자존심을 상하게 하며
망가진 그들의 가치와 찢어진 자존심을 즐기는 그대는!
우선 그대는 베푸는 자로서,
자신이 베풀 수 있는 그릇을 가졌는지를 먼저 생각하라.

누군가에게 삶을 주는 것은 그대가 아니라
신과 그리고 삶 자신뿐이다.
다만 그대, 스스로 시혜자(施惠者)라고 생각하는
그대는 단지 지나가는 한 사람에 불과할 뿐.

그리고 받는 이들이여!
우리 모두는 받는 자이다.
용기 있게, 확실하게 받아 주어라.
자신이 사랑받고 있음을 표시하는 것보다
더 큰 보답이 어디 또 있을 것인가?

2. 고전 읽기: 칼릴지브란, 예언자

누가 무엇을 더 바라겠는가?
얼마나 감사해야 하는지 생각지 말라.
그것은 그대에게도, 베푸는 이에게도
멍에를 씌우는 것이다.

감사하는 것보다 그 베풂을 날개 삼아
그 선물을 타고 하늘로 오르라.
그대의 빚을 지나치게 걱정함은
숭고한 베풂을 의심하는 것이 될 뿐.
어머니 같은 넓은 대지(大地)의 마음과
아버지 같은 신의 자비를 의심하지 말라.

* Ref: 예언자, 칼릴지브란

2. 고전 읽기: 칼릴지브란, 예언자

문제 2 진정한 나눔과 베풂에 대하여 자신의 생각을 논술하시오. 베풂의 때, 베풂의 대상, 베풂의 고려사항, 베풂의 자격, 받는 자의 마음가짐 포함, 종합적으로 기술할 것. (600자)

3. 주제토론: 숭고한 나눔

부는 노동을 자극하고 삶을 발전시킨다.
자신이 원하는 재화를 제공하기 때문이다.

물론, 이는 부의 진정한 의미를 지킬 때만 가능한 일이다.
부는 권력을 극복하기도 한다.
<u>거짓이 아니기 위해서는 많은 조건이 필요하다.</u>

부를 가졌다고 너무 좋아할 것 없다.
부를 가지지 못했다고 실망할 필요는 더욱 없다.
부의 진정한 의미는 재화를 이용해 기본적 의식주를 해결하고
남는 재화를 나누어, 부족한 이들을 돕는 것이다.

<u>소박하게 먹고, 단정하게 입고
편안히 잘 수 있는 작은 공간만 있다면
그 이상은 모두 여분의 재화이다.</u>

부의 진정한 의미대로, 서로 나누지 않는 자들은
부를 가진 것이 아니라, 쓸모없는 금속과 종이 뭉치를 가질 뿐이다.
명석한 일은 아니지만, 본인이 노력한 결과이니 물론 관여할 수는 없다.
그러나 만일 과도한 양의 부를 증여하려 한다면
이는 국가의 자유, 평등 이념을 파괴하는 독재자와 다를 바 없는 범죄이다.
그것이 가능할 정도로 자신을 특별하다고 생각하는 우를 범해서는 안 된다.
부의 소유는 본인에 한해, 엄격히 제한되어야 한다.

4. 논술 / 글쓰기

[문제] 다음 물음에 대한 자신의 생각을 자유롭게 논술하시오.*

부는 행복의 필수 조건인가?

※ 명확한 자신의 의견과 그 의견에 대한 근거 세 가지를 포함시킬 것. 대안도 생각해 볼 것. (600자)

* 철학 올림피아드 문제

답안

200자

400자

600자

800자

5. 천자문 (12/125)

推(밀 추) 位(자리 위) 讓(사양할 양) 國(나라 국)
제위를 양보하여 나라를 넘겨준 것은

有(있을 유) 虞(헤아릴 우) 陶(그릇 도) 唐(당나라 당)
우국와 도당국이 있다.*

추위양국   유우도당

推位讓國은   有虞陶唐이라.

과도한 욕심을 버리고
소박하고 검소한 생활을 선택하는 것,
그것이 자연의 섭리이다.

* 고대 중국에서는 제위를 세습하지 않고 덕이 있는 사람에게 양보하여 물려주었는데, 요임금 (도당국) → 순임금 (우국) → 우임금으로 물려주었다.

[한자 세 번, 뜻 한 번을 쓰시오]

5. 명심보감 (明心寶鑑)

권학편(勸學篇)

造燭求明 조촉구명 하고

讀書求理 독서구리 하라.

촛불을 켜서 빛을 구하듯이
책을 읽어 이치를 구하라.

책을 읽는 것은
어둠 속에서 길을 잃지 않기 위함이다.

[한자 두 번, 뜻 한 번을 쓰시오]

인문고전 추천 12

예언자 (칼릴지브란)

1. 배가 오다 2. 사랑에 대하여 3. 결혼에 대하여
4. 아이들에 대하여 5. 베풂에 대하여 6. 먹고 마심에 대하여
7. 일에 대하여 8. 기쁨과 슬픔에 대하여 9. 집에 대하여
10. 옷에 대하여 11. 사고 팖에 대하여 12. 죄와 벌에 대하여
13. 법에 대하여 14. 자유에 대하여 15. 이성과 열정에 대하여
16. 고통에 대하여 17. 자기 인식에 대하여 18. 가르침에 대하여
19. 우정에 대하여 20. 대화에 대하여 21. 시간에 대하여
22. 선과 악에 대하여 23. 기도에 대하여 24. 쾌락에 대하여
25. 미에 대하여 26. 종교에 대하여 27. 죽음에 대하여
28. 고별에 대하여

독서노트

[예언자에 흐르는 정신(교훈)에 대하여]

1. 저자: 칼릴지브란
2. 도서: 예언자
3. 독서노트

    (1) 마음을 끄는 다섯 이야기를 각각 다섯 문장 (200자)으로 요약하시오.

    (2) 다섯 이야기가 의미하는 바를 한두 단어 그리고 단문으로 각각 기술하시오. (예, 영원한 우정: 같이 기뻐해 주는 자가 진정한 친구이다.)

    (3) 다섯 이야기에 공통적으로 흐르는 정신(교훈)에 대하여 기술하시오. (400자)

    (4) 발표/토론 준비

4. 기간: 2주

독서노트

(1) 마음을 끄는 다섯 이야기를 각각 다섯 문장(200자)으로 요약하시오.

1.

2.

3.

4.

독서노트

(1) 마음을 끄는 다섯 이야기를 각각 다섯 문장(200자)으로 요약하시오.

5.

200자

400자

600자

독서노트

(2) 다섯 이야기가 의미하는 바를 한두 단어 (제목) 그리고 단문으로 각각 기술하시오. (예, 영원한 우정: 같이 기뻐해 주는 자가 진정한 친구이다.)

1.

2.

3.

4.

5.

독서노트

(3) 다섯 이야기에 공통적으로 흐르는 정신(교훈)에 대하여 기술하시오.
(400자)

1.

2.

200자

3.

4.

400자

5.

600자

Summary

1. **나에 대하여**
   : 인류 정신들의 가치 중 한 가지를 선택하여 자신의 삶에 어떻게 적용할지 기술하시오.

2. **고전읽기**
   : 칼릴지브란, 예언자 (베풂에 대하여)

3. **주제토론**
   : 숭고한 나눔

4. **논술 / 글쓰기**
   : 부는 행복의 필수 조건인가?

5. **천자문 / 명심보감**

6. **독서 노트**
   : 칼릴지브란, 예언자

숭고한 나눔에 대하여

✿ 12. 숭고한 나눔에 대하여 자신의 생각을 종합하시오.

멋진 갑옷만으로는
싸움에서 이길 수 없다.
칼과 창도 있어야 한다.

- 진리의서, 자유정신사 -

13. 명예로운 삶에 대하여

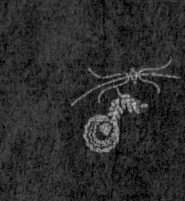

왜 명예를 바라는가?

13. 명예로운 삶에 대하여

✿   왜 명예를 바라는가?

탁월함을 자랑하기 위해서인가?
부를 얻기 위해서인가?
좋은 지위와 힘을 얻기 위해서인가?
'탁월함, 부, 지위'를 위해 해야 하는 일과
'명예로운 삶'을 위해 해야 하는 일은
전혀 관계 없는 다른 일이다.
'탁월함, 부, 지위'를 추구하면서 '명예'까지 얻으려 하지 말라.

1. 나에 대하여

자신에게 한 가지 절대 힘이 주어져 그것을 원하는 대로 쓸 수 있다는 가정하에 그 힘을 가진 자신의 삶에 대해 제목을 정하고 창작해 보시오. (600자)

200자

400자

2. 고전 읽기 : 아우렐리우스, 명상록

아우렐리우스   명상록

2. 고전 읽기 : 아우렐리우스, 명상록

50 오이가 씁니까? 그냥, 버리십시오. 가는 길에 가시덤불이 있습니까? 옆으로 비켜 가십시오. "세상에 왜 하필 그런 일이 일어났는가?"라는 말은 하지 마십시오. 자연을 연구하는 사람이 당신을 비웃을 것입니다. 이는 목공 또는 제화공의 작업장에 가서 나무 부스러기나 가죽 조각이 있다는 사실에 대해 불평한다면 목공이나 제화공이 당신을 비웃는 것과 같습니다. 그런데, 목공과 제화공은 쓰레기를 버릴 수 있는 공간이 있지만, 자연에는 그러한 여분의 공간조차 없습니다. 자연은 사물이 시들거나 노화되거나 쓸모없어질 때, 그것을 받아들이고 또 바꾸어서 새로운 것을 만들어냅니다. 이처럼 자연은 외부로부터 새로운 재료를 공급할 필요가 없으며 쓰레기를 버릴 장소가 필요하지도 않습니다. 자연은 자체의 재료와 자체 기술로 충분합니다. 자연은 불평하지 않을뿐더러 그것을 수용합니다.

51 어리석은 행동, 우둔한 대화, 모호한 인상, 내부 혼돈과 외부 혼란, 여유가 없는 삶을 피하십시오. 그렇다면 극단적 순교와 폭거적 사지의 절단과 무서운 저주가 있어도 그것은 순결하고 건전하고 청렴하고 공정한 정신 능력에 어떤 영향도 미치지 못하는 것이 분명하게 보일 것입니다. 누군가 깨끗한 샘물의 가장자리에 서서 지독한 저주를 부어도 샘물은 여전히 신선하고 건강한 물을 뿌릴 것입니다. 또한, 사람이 진흙이나 오물을 넣더라도, 샘물은 재빨리 흐르고 씻어서 더러운 모습을 나타내지 않습니다. 당신이 그러한 영

2. 고전 읽기 : 아우렐리우스, 명상록

원한 샘물의 주인이 되기 위해 무엇을 할 것입니까? 항상 자비롭고, 단순하고 소박한 생활, 겸손 속에서도 자신이 주인이 될 권리를 지키십시오.

52   세상의 원리와 우주의 본질을 이해하지 못하면, 우리는 자신이 어느 곳에 위치하고 있는지 알 수 없습니다. 삶의 목적과 우주의 목적을 이해하지 못하면 사람은 자신이 무엇인지 모르며, 더욱이 우주 자체가 무엇인지조차 모른 채, 살아가게 됩니다. 이처럼, 원리와 근원을 모르는 사람들은 자신이 어떤 목적으로 존재하는지 이해할 수 없습니다. 우리는 자신의 존재와 현재의 위치조차 모르며 큰 소리로 시끄럽게 떠드는 우둔한 군중의 박수를 구하거나 피하려 노력하는 인간에 대해 측은함을 느끼지 않을 수 없습니다.

2. 고전 읽기 : 아우렐리우스, 명상록

문제 1 제시문의 제목을 정하고 핵심내용 또는 교훈을 요약하시오.

50.

51.
200자

52.
400자

2. 고전 읽기 : 아우렐리우스, 명상록

53 한 시간에 세 번씩이나 자신을 저주하는 사람의 칭찬이 무슨 의미가 있겠습니까? 자기 자신도 만족시킬 줄 모르는 사람의 마음에 들려고 당신은 노력하고 싶습니까? 자신의 모든 행동에 회의적인 사람이 어떻게 타인을 만족시킬 수 있겠습니까?

54 호흡이 당신의 주위 대기를 공유하는 것처럼, 당신의 이성 작용 또한 당신을 둘러싸고 있는 자연의 섭리를 공유해야 합니다. 숨을 쉴 수 있는 사람들을 위해 공기가 온전히 존재하는 것처럼, 이성을 받아들일 수 있는 사람들을 위한 보편적 이성 법칙이 있는 법입니다.

55 인간의 보편적 악이 세상을 바꾸지 못하듯이, 어떤 개인의 단편적 악은 동료 인간을 해칠 수 없습니다. 악은 그것에 사로잡힌 악인들에게만 영향을 끼칠 수 있을 뿐입니다. 또한 모든 악인은 원하는 경우 악에서 벗어날 수 있습니다. 악은 고립된 세계입니다.

56 이웃의 호흡과 육체에 내가 큰 관심을 두지 않는 것처럼 다른 사람의 의지 또한 나의 의지와 관련이 없습니다. 우리는 상호의존적이지만, 각자에게는 고유한 영역이 있습니다. 그렇지 않다면 내 이웃의 사악함이 나의 사악함이 될 것입니다. 이처럼 신은 다른 사람들을 통해 누군가가 불행해지는 그런 일이 일어나기를 원하지 않습니다.

2. 고전 읽기 : 아우렐리우스, 명상록

문제 1 제시문의 제목을 정하고 핵심내용 또는 교훈을 요약하시오.

53.

54.

200자

55.

56.

400자

2. 고전 읽기 : 아우렐리우스, 명상록

문제 2. 올바른 명예에 대하여 자신의 생각을 설명하시오.

〈제시문〉 50~56, **'명예롭기 위한 일곱 가지 조건'**을 바탕으로 올바른 명예에 대한 자신의 생각을 기술할 것. (400자)

13. 명예로운 삶에 대하여

✿ 명예롭기 위한 일곱 가지 조건 (아우렐리우스)

1. 세상을 불평하지 말고 모든 것을 포용하라.
2. 항상 편안함 마음을 갖고 언제나 맑은 정신을 뿜어내라.
3. 지식을 탐구하며 어리석음에서 벗어나라.
4. 스스로 자신을 좋아 할 만큼의 자신을 만들라.
5. 감정이 아닌 이성이 자신의 삶을 지배하게 하라.
6. 악은 악취가 난다. 항상 선하라.
7. 모두 각자의 권리가 있다. 타인의 명예를 존중하라.

3. 주제토론: 명예로운 삶

명예를 위해 살지 말고
명예롭게 살라.
명예를 위해 사는 것은
다른 사람들에게 인정받기 위해 사는 것이고
명예롭게 사는 것은
자신에게 인정받기 위해 사는 것이다.

3. 주제토론: 명예로운 삶

명예를 위해 살지, 명예롭게 살지 자신의 생각을 논술하시오. (600자)

(1) 제목을 정하고 기술할 것.
(2) 명예를 위한 삶과 명예로운 삶을 구분하여 논술할 것. (장단점 비교)
(3) 두 가지 삶의 예시를 들어 설명할 것.

제목:

200자

400자

4. 천자문 (13/125)

弔(슬플 조) 民(백성 민) 伐(칠 벌) 罪(허물 죄)
사람을 돕고 죄지은 자는 벌주었다.

周(두루 주) 發(필 발) 殷(나라 은) 湯(끓을 탕)
이것이 주발, 은탕으로 널리 이름이 남게 하였다.*

조민벌죄   주발은탕
弔民伐罪 하고   周發殷湯 이라.

위대함이란 간단한 것이어서
널리 사람을 위하는 마음으로 잘못을 엄격히 다스리는 것이다.

[한자 세 번, 뜻 한 번을 쓰시오]

* 가혹한 정치로 고통을 주고 백성을 돌보지 않은 하나라 걸왕과 은나라 주왕을 정벌한 것은, 백성들을 위로하고 벌로서 죄인을 다스린 은나라 탕왕과 주나라 무왕 희발이다.

4. 명심보감 (明心寶鑑)

권학편(勸學篇)

獨學無友 독학무우하면

則孤陋寡聞* 즉고루과문이라.

혼자 공부하고 친구가 없으면
식견이 부족하고 견문이 모자란다.

인생의 유익한 세 친구가 있는 데
그들은 벗, 책, 스승이다.

[한자 두 번, 뜻 한 번을 쓰시오]

---

* 孤陋(고루): (보고 들은 것이 없어) 융통성이 없고 식견(識見)이 부족하다.
　寡聞(과문): 견문(見聞)이 좁다. 보고 들은 것이 적다.

5. 논술 / 글쓰기

[문제] 다음 글을 읽고 자신의 생각을 자유롭게 논술하시오. 단, 이 글의 핵심 주장을 옹호하거나 비판하는 내용을 포함시키시오. (600자)*

> 나 자신을 사랑하지 않은 사람은 거의 없는 가운데, 이 자애(自愛)의 심리에서 여러 가지 욕망이 일어난다. 명예욕이라는 욕망도 그 근원을 자애의 심리에 두었다고 생각되거니와, 명예의 추구와 자아(自我)의 성찰 사이에는 복잡한 함수 관계가 있다.
>
> 명예라는 것은 본래 남의 모범이 될 만한 탁월한 인물에게 돌아가는 것이 원칙이다. 따라서 명예를 얻기 위해서는 비상한 노력이 필요하고, 비상한 노력은 나의 사람됨을 키움에 있어서 가장 절실한 조건이다. 이러한 뜻에서 명예를 아끼는 마음은 자아의 성장을 위해서 매우 중요한 기능을 수행한다고 볼 수 있다.
>
> 그러나 명예에 대한 욕망이 언제나 좋은 일만을 하는 것은 아니다. 헛된 욕망으로 말미암아 여러 개인들이 어리석은 행동을 하였고, 여러 사회가 엄청난 피해를 입었다. 만약 인간에게 헛된 욕망이 없었더라면, 우리들의 생활은 오늘과 같이 화려하지는 못한 대신 훨씬 차분하고 착실한 내용을 얻게 되었을 것이다.
>
> 명예가 반드시 객관적 인품과 일치하지 않는다는 사실에 문제의 핵심이 있다. 명예라는 것은 유동하는 대중 심리와 깊은 관계를 가졌으며, 그 행방이 엉뚱한 사람에게로 향할 가능성이 크다. 특히 현대와 같이 대중 매체의 영향이 압도적인 시대에 있어서는 우연과 선전에 의해서 또는 야비한 조작에 의해서 명예의 행방이 좌우되는 경우가 허다하다.

* 철학 올림피아드 문제

5. 논술 / 글쓰기

> 사회적 존재인 까닭에 우리는 명예를 희구한다. 여러 사람의 칭송을 받고 싶은 심정은 인간에 있어서 매우 자연스러운 심리이며 사실과 부합하는 명성은 삶의 보람과도 연결되는 크나큰 축복이다. 그러나 우리에게 가장 중요한 것은 자아의 성장이며, 명예는 부차적인 가치 이상의 것이 될 수 없다.
>
> 남들이 나를 어떻게 생각하는가도 아주 무시하기는 어렵다. 그러나 더욱 중요한 것은 내가 나를 어떻게 생각하느냐 하는 문제이다. 남들이 알아주든 말든 스스로 자기를 긍정적으로 받아들일 수 있다면 우리의 삶은 일단 성공이라고 보아도 좋을 것이다. 여기서 우리는 "군자는 이것을 나에게 구하고 소인은 이것을 남에게 구한다."라는 공자의 말씀을 새삼 음미하게 된다.
>
> 허영이 난무하고 허위가 창궐하는 세상이다. 이러한 세태에 적응해 가며 요령 있게만 사는 것은 결코 옳은 길은 아니다. 세상의 물결을 타고 허황한 이름을 얻고자 동분서주할 것인가? 차라리 안으로 나 자신의 빈칸을 하나라도 더 채우는 편이 상책일 것이다. 그 길이 나 자신에게 부끄럽지 않은 삶을 위해 상책일 것이다.

답안

인문고전 추천 13

소공녀 (프랜시스 버넷)

　《소공녀》(A Little Princess)는 프랜시스 버넷의 소설이다. 1888년 'St. Nicholas'라는 잡지에 《Sara Crewe or What Happened at Miss Minchin's》라는 제목으로 연재로 발표된 후 1903년 연극으로 각색하면서 《A Little Princess》로 제목이 바뀌었다. 1905년 책으로 출판되었다.

　작품에는 기숙학교 교장으로 상징되는 어른의 위선과 어린이의 순수성을 대비시켜 동심을 찬양하고 있다. 여성 작가다운 섬세한 필체는 소설의 매력이다. 영화나 애니메이션 등으로 많은 작품이 제작되었다.

* Ref: 관련 백과사전 등 참고

인문고전 추천 13

소공녀 (프랜시스 버넷)

[등장인물]

세라 크루(Sara Crewe): 소공녀의 주인공

랠프 크루(Ralp Crewe): 세라 크루의 아버지

세라 크루 어머니:

아멩가드(Ermengarde) : 세라 크루의 가장 친한 친구

라비니아(Lavinia) : 민친여학교 학생대표.

제시(Jessie) : 라바니아의 둘도 없는 단짝

베키(Becky) : 가엾은 고아 출신의 기숙사 학교 하녀

로티(Lottie) : 민친여학교에서 나이가 가장 어린 학생. 4살

마리에뜨(Mariet) : 세라의 프랑스인 하녀

민친(Maria Minchin) : 민친 여학원 원장

뒤파르즈(Duparc) : 민친여학교의 프랑스어 선생님

아멜리아(Amelia) : 민친의 여동생

독서노트

[소공녀에 흐르는 정신에 대하여]

1. **저자**: 프란시스 버넷
2. **도서**: 소공녀
3. **독서노트**

    (1) 주요 등장 인물 5명을 기술하시오. (400자)

    (2) 등장 인물을 중심으로 이야기를 요약하시오. (400자)

    (3) 감명 깊었던 이야기 2가지를 요약 기술하시오. (400자)

    (4) '소공녀'에 흐르는 3가지 정신(교훈)에 대하여 기술하시오. (400자)

4. **기간 : 2주**

독서노트

(1) 주요 등장 인물 5명을 기술하시오. (400자)

독서노트

(2) 등장 인물을 중심으로 이야기를 요약하시오. (400자)

200자

400자

600자

독서노트

(3) 감명 깊었던 이야기 2가지를 요약 기술하시오. (400자)

독서노트

(4) '소공녀'에 흐르는 3가지 정신(교훈)에 대하여 기술하시오. (400자)

Summary

1. 나에 대하여
   : 자신에게 한 가지 절대 힘이 주어져 그것을 원하는 대로 쓸 수 있다는 가정하에 그 힘을 가진 자신의 삶에 대해 제목을 정하고 창작해 보시오. (600자)

2. 고전 읽기
   : 아우렐리우스, 명상록

3. 주제토론
   : 명예로운 삶

4. 천자문 / 명심보감

5. 논술 / 글쓰기
   : 명예로운 삶

6. 독서 노트
   : 소공녀 (프랜시스 버넷)

명예로운 삶에 대하여

✿ 13. 명예로운 삶에 대하여 자신의 생각을 종합하시오.

신은
강자도 약자도 아닌
강해지려 의지하는 자를 돕는다.

- 진리의서, 자유정신사 -

14. 우리에게 중요한 것들에 대하여

지금 중요하게 느끼는 것이 정말 중요한 것인가?

1. 나에 대하여

자신이 좋아하는 책이 (1) 무엇인지 (2) 어떤 내용인지 (3) 왜 좋아하는지 기술하시오. (400자)

우리는 자신이 좋아하는 작가나 작품 하나 정도는 자신 있게 이야기할 수 있어야 한다. 그것이 자신의 꿈과 목표에 관련되어 있다면 더욱 좋다.

2. 고전 읽기: 생텍쥐페리, 어린 왕자

생텍쥐페리　　　　어린 왕자

14. 우리에게 중요한 것들에 대하여

2. 고전 읽기: 생텍쥐페리, 어린 왕자

4

〈제시문 1〉

　이런 식으로 나는 또 다른 중요한 사실을 배웠습니다. 그것은 왕자가 사는 별이 집 한 채 정도 크기라는 사실입니다. 그러나 나는 별로 놀라지 않았습니다. 사람들이 지구, 목성, 화성 및 금성과 같이 명명한 큰 별 외에도 수많은 별이 있습니다. 또한, 망원경을 통해 볼 수 없는 크기가 너무 작은 별도 있다는 것을 잘 알고 있기 때문입니다.

　천문학자가 그러한 별을 찾으면 이름 대신 숫자를 붙입니다. 예를 들어 '소행성 3251'이라고 말입니다. 왕자가 살았던 별은 소행성 B-612라고 생각합니다. 그것을 믿을만한 몇 가지 이유가 있습니다. 1909년, 터키 천문학자가 망원경으로 그 별을 찾았습니다. 그 당시 천문학자는 '국제 천문학 회의'에서 그가 찾은 것에 대한 중요한 증거를 대면서 완벽히 증명했지만, 초라한 터키 옷을 입고 있었기 때문에 아무도 그의 발표를 믿지 않았습니다.

　어른들은 모두 이렇습니다. 운 좋게도 소행성 B-612의 명성을 위해 터키 왕은 사람들에게 "말끔한 서양 옷을 입지 않으면 사형에 처한다"라고 명령했습니다.

2. 고전 읽기: 생텍쥐페리, 어린 왕자

〈제시문 2〉

터키의 천문학자는 1920년에 아주 멋진 서양 의상을 입고 국제 천문학 회의에서 다시 발표했습니다. 그러자 이번에는 모두가 그의 말을 믿었습니다. 내가 소행성 B612에 대해 자세히 이야기하고 별의 숫자를 말하는 것은 어른들 때문입니다.

나이 든 어른들이란 항상 숫자를 좋아합니다. 새로운 친구에 대해 이야기할 때 어른들은 정말 중요한 것을 절대 묻지 않습니다. "친구의 목소리는 어떻니?" "무슨 종류의 놀이를 좋아하니?" "나비를 모으지 않니?" 같은 질문은 결코 물어보지 않습니다. 대신 어른들은 "그 아이는 몇 살이니?" "형제가 몇 명이니?" "체중이 얼마니?" "친구의 아버지는 돈이 얼마나 있지?"라는 것만 묻습니다. 이런 답을 들어야만 어른들은 그 친구가 누구인지 알고 있다고 생각합니다.

어른들에게 "창문에 제라늄 화분이 있고 지붕에 비둘기가 있는 예쁜 분홍색 벽돌집을 보았어요."라고 하면, 그들은 그 집이 어떤 집인지 상상하지 못합니다. 어른들에게는 "나는 10만 프랑짜리 집을 보았어요."라고 말해야 합니다. 그리고 나서야 어른들은 "아, 정말 좋은 집이다!"라고 감탄합니다. "왕자는 정말 멋있었고, '까르르르' 크게 웃었으며, 양을 갖고 싶어 했어. 이것은 왕자가 이 세상에 존재하는 증거야. 누군가가 양을 원한다면 그것은 그가 세상에 있다는 증거니까"라고 어른들에게 말하면, 잘 알아듣지 못하고 우리를 어린애로 취급해 버릴 것입니다.

2. 고전 읽기: 생텍쥐페리, 어린 왕자

어린 왕자가 중요하게 생각한 것은 무엇일까?

2. 고전 읽기: 생텍쥐페리, 어린 왕자

〈제시문 3〉

그러나 "왕자가 살고 있는 별은 소행성 B-612입니다"라고 대답하면 어른들은 금방 알아듣고 고개를 끄떡입니다.

어른들은 원래 다 그렇습니다. 그렇다고 어른들이 꼭 나쁘다는 의미는 아닙니다. 아이들은 항상 어른들에게 조금 관대하고 너그러워야 합니다. 그러나 인생을 잘 이해하는 사람은 숫자에는 별 관심이 없습니다. 대상 자체 또는 그 일 자체가 중요하기 때문입니다.

이 이야기를 동화처럼 시작하고 싶었습니다. "옛날에 어린 왕자가 나보다 클지 말지 한 작은 별에 살았습니다. 그는 친구를 사귀고 싶어 했습니다. 그래서 어린 왕자는…" 라는 식입니다. 삶을 이해하는 사람들에게는 이처럼 말하는 것이 훨씬 더 진실할 것입니다. 그 이유는 나는 사람들이 이 책을 너무 마음대로 읽지 않기를 바랐기 때문입니다.

나는 왕자를 생각하면 조금 슬퍼집니다. 그 친구가 양을 데리고 떠난 지 벌써 6년이 지났습니다. 내가 친구에 대해 이처럼 자세히 쓰는 이유는 그를 잊지 않기 위해서입니다. 친구를 잊는 것은 정말 슬픈 일입니다. 모든 사람이 항상 진짜 친구가 있는 것은 아닙니다. 친구를 잊어버리면 숫자만 신경 쓰는 어른들처럼 나도 그렇게 변해 버릴지 모릅니다.

2. 고전 읽기: 생텍쥐페리, 어린 왕자

〈제시문 4〉

　이 때문에 나는 그림물감 한 상자와 연필 한 상자를 새로 샀습니다. 여섯 살 때, 속이 보이지 않는 엄청나게 큰 보아 구렁이 말고는 별로 그려본 적이 없는 내가 지금 이렇게 다시 그림을 그리는 것은 매우 어렵고 힘든 일입니다.

　물론, 나는 가능한 한 실제에 가깝게 그리려고 노력할 것입니다. 그러나 내가 성공할지는 확신하지 못하겠습니다. 어떤 그림은 잘 그려 지지만 어떤 그림은 그렇지 않습니다. 높이도 약간 다릅니다. 이곳에서는 너무 크고, 저곳에서는 너무 작습니다. 나는 옷의 색깔에 대해서도 확신하지 못합니다. 그래서 나는 이런저런, 더듬더듬 그려 볼 수밖에 없습니다. 하지만 매우 중요한 부분이 잘못될 수도 있습니다. 그러나 어린 왕자는 나를 관대하게 용서해야 합니다. 어린 왕자인 내 친구가 자신을 제대로 설명하지 않았기 때문입니다. 그는 내가 자신과 비슷하다고 생각했을 수도 있습니다. 그러나 불행히도 나는 상자 속의 양을 상상해서 볼 수 있는 눈이 없습니다. 나는 어른들처럼 조금씩 변하고 있는지 모릅니다. 아마 나도 나이가 들었는지 모르겠습니다.

2. 고전 읽기: 생텍쥐페리, 어린 왕자

문제 1 제시문 별로 핵심 내용을 요약 정리하시오. (각 100자)

답안

〈제시문 1〉

〈제시문 2〉

200자

〈제시문 3〉

〈제시문 4〉

400자

2. 고전 읽기: 생텍쥐페리, 어린 왕자

문제 2 어른들이 중요하다고 생각하는 것과 아이들이 중요하게 생각하는 것을 비교하여 설명하시오. (600자)

답안

14. 우리에게 중요한 것들에 대하여

✿　우리에게 중요한 것들 중 하나의 유형은
객관적으로 평가되는 것들,
많은 사람들이 인정하는 것들이다.
외형, 숫자, 돈과 같은 것들이다.
철든 어른들의 생각이다.

✿　우리에게 중요한 것들 중 다른 하나의 유형은
주관적으로 평가하는 것들,
각자가 생각하는 중요한 것들, 개별 가치이다.
철부지 아이들의 생각이다.

✿　철든 어른들의 생각을 따르면
세상은 서로 비교하고 사람들은 서로 분리된다.
철부지 아이들의 생각을 따르면
그 삶들이 큰 진보나 이익이 안 될지는 몰라도
삶이 비교되거나 사람들이 서로 나누어지지는 않는다.
어느 세상이 편안하고 행복할지는 이미 결정되어 있다.

3. 주제 토론: 우리에게 중요한 것들

단 하나뿐인 것은
아름답지도 추하지도 않다.

3. 주제 토론: 우리에게 중요한 것들

아름다움이 무엇인지에 대하여 제목을 정하고 자신의 생각을 기술하시오. (600자)
(1) 아름다움과 추함을 정의하고 설명
(2) 아름다움과 추함으로 구분되지 않는 그 무엇에 대하여 기술

답안

14. 우리에게 중요한 것들에 대하여

✿ 세상을 아름다움과 추함으로 구분하려는 생각은
어리석음의 결과이다.
사람을 예를 들면
누구나 아름다운 모습과 추한 모습
누구나 선한 모습과 악한 모습
누구나 올바른 모습과 올바르지 않은 모습이 있다.
사람을 섣불리 하나로 판단해서는 안 되는 이유이다.

✿ 세상에는 아름답지도 추하지도 않은 것들이 있다.
엄마, 나, 꽃, 산, 나무, 지구, 이 세상 모든 것들이다.
아름다움은 상대적인 것이다.
비교할 것이 없으면 아름다움은 그 의미가 사라진다.
자신의 삶은 이 세상에 하나밖에 없고
아름답지도 추하지도 않으며
그러므로 가장 중요한 것이다.
자신의 모습을 자랑스럽게 생각하면서
그리고 자랑스럽게 생각하도록
자기 삶을 만들어가자.

4. 천자문 (14/125)

坐(앉을 좌) **朝**(아침 조) **問**(물을 문) **道**(길 도)
조정에 앉아 사람들에게 올바른 길에 대하여 물으면

垂(드리울 수) **拱**(팔짱 공) **平**(평평 평) **章**(밝을 장)
옷 소매를 늘어뜨린 채로 팔짱을 끼고 있어도 편안하고 즐겁다.

좌조문도　　　수공평장
坐朝問道 하면　**垂拱平章** 이라.

자기 생각을 너무 주장하지 않고, 여러 사람에게 물으면
힘들이지 않고도 올바른 길로 나아간다.

[한자 세 번, 뜻 한 번을 쓰시오]

4. 명심보감 (明心寶鑑)

권학편(勸學篇)

- **好仁不好學 이면　其蔽也愚 이며**
  호인불호학　　　기페야우
  - 인(仁)을 좋아하면서 학문(學問)을 좋아하지 아니하면 그것의 폐단은 어리석어지는 것이며,

- **好知不好學 이면　其蔽也蕩 이라.**
  호지불호학　　　기페야탕
  - 지식을 좋아하면서 학문을 좋아하지 아니하면 그것의 폐단은 무례하고 건방지게 되는 것이다.

- **好信不好學 이면　其蔽也賊 이고**
  호신불호학　　　기페야적
  - 믿음을 좋아하면서 학문을 좋아하지 아니하면 그것의 폐단은 (자기(自己))를 해치게 되며,

- **好直不好學 이면　其蔽也絞 라.**
  호직불호학　　　기페야교
  - 공정(公正)함을 좋아하면서 학문을 좋아하지 아니하면 그것의 폐단은 가혹(苛酷)해지는 것이다.

- **好勇不好學 이면　其蔽也亂 이며**
  호용불호학　　　기페야란
  - 용감(勇敢)함을 좋아하며 학문을 좋아하지 아니하면 그것의 폐단은 포악(暴惡)해지는 것이며,

- **好剛不好學 이면　其蔽也狂 이라.**
  호강불호학　　　기페야광
  - 강함을 좋아하면서 학문을 좋아하지 아니하면 그것의 폐단은 거만(倨慢)해지는 것이다.

4. 명심보감 (연습)

권학편(勸學篇)

■ 호인불호학　　기폐야우
■ 인(仁)을 좋아하면서 학문(學問)을 좋아하지 아니하면
그것의 폐단은 어리석어지는 것이며,

■ 호지불호학　　기폐야탕
■ 지식을 좋아하면서 학문을 좋아하지 아니하면
그것의 폐단은 무례하고 건방지게 되는 것이다.

■ 호신불호학　　기폐야적
■ 믿음을 좋아하면서 학문을 좋아하지 아니하면
그것의 폐단은 (자기(自己))를 해치게 되며,

■ 호직불호학　　기폐야교
■ 공정(公正)함을 좋아하면서 학문을 좋아하지 아니하면
그것의 폐단은 가혹(苛酷)해지는 것이다.

■ 호용불호학　　기폐야란
■ 용감(勇敢)함을 좋아하며 학문을 좋아하지 아니하면
그것의 폐단은 포악(暴惡)해지는 것이며,

■ 호강불호학　　기폐야광
■ 강함을 좋아하면서 학문을 좋아하지 아니하면
그것의 폐단은 거만(倨慢)해지는 것이다.

4. 명심보감 (연습)

권학편(勸學篇)

■
호인불호학　　　기페야우
■ 인(仁)을 좋아하면서 학문(學問)을 좋아하지 아니하면
　그것의 폐단은 어리석어지는 것이며,

■
호지불호학　　　기페야탕
■ 지식을 좋아하면서 학문을 좋아하지 아니하면
　그것의 폐단은 무례하고 건방지게 되는 것이다.

■
호신불호학　　　기페야적
■ 믿음을 좋아하면서 학문을 좋아하지 아니하면
　그것의 폐단은 (자기(自己))를 해치게 되며,

■
호직불호학　　　기페야교
■ 공정(公正)함을 좋아하면서 학문을 좋아하지 아니하면
　그것의 폐단은 가혹(苛酷)해지는 것이다.

■
호용불호학　　　기페야란
■ 용감(勇敢)함을 좋아하며 학문을 좋아하지 아니하면
　그것의 폐단은 포악(暴惡)해지는 것이며,

■
호강불호학　　　기페야광
■ 강함을 좋아하면서 학문을 좋아하지 아니하면
　그것의 폐단은 거만(倨慢)해지는 것이다.

4. 명심보감 (시험)

명심보감(明心寶鑑) 권학편(勸學篇)

- 好( )不好學 이면　其蔽也 ( ) 이며
  호인불호학　　　　기폐야우
  - 인(仁)을 좋아하면서 학문(學問)을 좋아하지 아니하면 그것의 폐단은 어리석어지는 것이며,

- 好 ( ) 不好學이면　其蔽也 ( ) 이라.
  호지불호학　　　　기폐야탕
  - 지식을 좋아하면서 학문을 좋아하지 아니하면 그것의 폐단은 무례하고 건방지게 되는 것이다.

- 好 ( ) 不好學 이면　其蔽也 ( ) 이고
  호신불호학　　　　기폐야적
  - 믿음을 좋아하면서 학문을 좋아하지 아니하면 그것의 폐단은 (자기(自己))를 해치게 되며,

- 好 ( ) 不好學이면　其蔽也 ( ) 라.
  호직불호학　　　　기폐야교
  - 공정(公正)함을 좋아하면서 학문을 좋아하지 아니하면 그것의 폐단은 가혹(苛酷)해지는 것이다.

- 好 ( ) 不好學 이면　其蔽也 ( ) 이며
  호용불호학　　　　기폐야란
  - 용감(勇敢)함을 좋아하며 학문을 좋아하지 아니하면 그것의 폐단은 포악(暴惡)해지는 것이며,

- 好 ( ) 不好學 이면　其蔽也 ( ) 이라.
  호강불호학　　　　기폐야광
  - 강함을 좋아하면서 학문을 좋아하지 아니하면 그것의 폐단은 거만(倨慢)해지는 것이다.

5. 논술 / 글쓰기

[문제] 다음 글을 읽고 자신의 생각을 자유롭게 논술하시오. 단, 이 글의 핵심 주장을 옹호하거나 비판하는 내용을 포함시키시오. (800자)*

* 문단 별 두 줄 정리 후 작성할 것.

> 정의로운 사회를 구상할 때에는 보상의 원칙도 고려하여야 한다. 이것은 부당한 불평등은 보상을 요구한다는 원칙이다. 예를 들면, 출생이나 천부적 재능의 불평등은 부당하며, 이러한 불평등은 어떤 식으로든 보상되어야 한다는 것이다. 그래서 이 원칙은 모든 사람을 평등하게 대우하기 위하여, 즉 진정한 기회균등을 제공하기 위하여 사회가 더 적은 천부적 자질을 가진 사람과 더 불리한 사회적 지위에서 태어난 사람에게 마땅히 더 많은 관심을 가져야 한다고 요구한다. 평등 이념을 실현하는 방향으로 우연적 여건에 따른 불평등을 보상해 주자는 것이다. 이러한 원칙을 따르면 적어도 어느 기간 동안은, 가령 초등교육 기간에는, 지능이 높은 사람보다는 낮은 사람의 교육에 더 많은 재원이 배당될 수도 있을 것이다.
>
> 이러한 사상의 바탕은 천부적 재능을 사회 공동의 자산으로 보고, 자연이 배분한 천부적 재능으로 얻는 이익을 사회구성원 모두가 함께 누리자는 데 있다. 천부적으로 유리한 처지에 있는 사람들은 불리한 처지에 있는 사람들의 상황을 향상시켜 준다는 조건에서만 자신들에게 배분된 행운으로부터 이익을 얻을 수 있다는 것이다. 따라서 천부적으로 혜택을 받은 사람들은 그들이 재능을 더 많이 타고났다는 바로 그 이유만으로는 이득을 볼 수 없으며, 불운한 사람들을 도울 수 있도록 자신의 자질을 활용하여야 한다.
>
> 그렇다면 천부적 재능을 자연이 배분하는 것은 정의롭지 못한

* 철학 올림피아드 문제

5. 논술 / 글쓰기

것인가? 개인이 특정한 사회적 지위에서 태어나게 되는 것은 정의롭지 못한 것인가? 이는 단지 자연적인 사실에 불과하다. 그러나 정의로운 것 또는 정의롭지 못한 것은 사회 제도가 이러한 자연적 사실을 다루는 방식이다. 귀족 사회나 계급 사회가 정의롭지 못한 것은 이와 같은 자연적 우연성을 특권의 근거로 삼고 있기 때문이다.

혹자는 다른 사람보다 훌륭한 천부적 자질을 가진 개인이 그 자연적 자산에 대하여 그리고 그러한 자산을 계발할 수 있게 한 탁월한 성품에 대하여, 마땅히 그것을 가질 만하다고 생각할 수도 있겠다. 이러한 점에서 더 훌륭한 가치를 지닌 사람이기 때문에 그는 자신의 자산으로 성취할 수 있을 더 큰 이득을 누릴 만한 정당한 자격이 있다는 것이다. 그러나 이 견해는 분명 잘못되었다. 사회에서 차지하는 최초의 출발점이 자신이 마땅히 누려야 할 몫이라고 누구도 주장할 수 없을 것이다. 마찬가지로 그 누구도 자연적 자질의 배분 체계에서 차지하는 위치가 자신의 몫이라고 주장할 수 없다. 또한 어떤 사람은 근면하기 때문에 노력하여 자신의 능력을 더욱 발전시킬 수도 있을 것이다. 그는 이러한 노력을 가능하게 해 주는 탁월한 성품에 대하여 그것이 자신의 정당한 몫이라고 주장할 수도 있다. 그러나 이 견해도 마찬가지로 문제가 있다. 왜냐하면 그의 탁월한 성품은 대체로 운 좋은 가정 배경이나 사회 상황에 따른 것이기 때문이다. 그러므로 이런 상황에 대해서도 그는 자신의 몫을 주장할 수가 없다.

답안

1.

2.

3.

4.

인문고전 추천 14

모파상 단편집 (모파상)

1. 목걸이
2. 비계덩어리
3. 두 친구
4. 승마
5. 미친 여자
6. 미뉴엣
7. 의자 고치는 여인
8. 달빛
9. 보석
10. 미스 하리에트
11. 목가
12. 노끈
13. 후회
14. 쥘르 삼촌
15. 야성의 어머니
16. 아버지
17. 걸인
18. 후원자
19. 첫눈
20. 고아
21. 어느 여인의 고백

독서 노트

[모파상 단편에 흐르는 정신에 대하여]

1. 저자: 모파상

2. 도서: 모파상 단편
   1. 목걸이
   2. 비계덩어리
   3. 의자 고치는 여인

3. 독서노트
   (1) 각 단편에 대하여 주요 등장 인물 세 명씩 기술하시오. (600자)
   (2) 각 단편에 대하여 등장 인물을 중심으로 이야기를 요약하시오. (600자)
   (3) 각 단편에 대하여 감명 깊었던 이야기 1가지씩 요약 기술하시오. (600자)
   (4) 각 단편에서 우리에게 중요한 것을 하나씩 도출하고, 공통적으로 흐르는 정신(교훈)에 대하여 기술하시오. (600자)

4. 기간 : 2주

독서 노트

(1) 각 단편에 대하여 주요 등장 인물 세 명씩 기술하시오. (600자)

1.

200자

2.

400자

3.

600자

독서 노트

(2) 각 단편에 대하여 등장 인물을 중심으로 이야기를 요약하시오. (600자)

1.

2.

3.

독서 노트

(3) 각 단편에 대하여 감명 깊었던 이야기 한 가지씩 요약 기술하시오. (600자)

1.

200자

2.

400자

3.

600자

독서 노트

(4) 각 단편에서 우리에게 중요한 것을 하나씩 도출하고, 공통적으로 흐르는 정신(교훈)에 대하여 기술하시오. (600자)

Summary

1. 나에 대하여
  : 자신이 좋아하는 책이 (1) 무엇인지 (2) 어떤 내용인지
   (3) 왜 좋아하는지 기술하시오. (400자)

2. 고전 읽기
  : 생텍쥐페리, 어린 왕자

3. 주제 토론
  : 우리에게 중요한 것들

4. 천자문 / 명심보감

5. 논술 / 글쓰기
  : 우리에게 중요한 것들은 무엇인가?

6. 독서 노트
  : 모파상 / 모파상 단편
   1. 목걸이
   2. 비계덩어리
   3. 의자 고치는 여인

우리에게 중요한 것들에 대하여

✿ 14. '우리에게 중요한 것들'에 대하여 자신의 생각을 종합하시오.

15. 삶의 목적에 대하여

도대체 우리 삶의 목적은 무엇인가?

15. 삶의 목적에 대하여

✿　우리 삶의 목적은
직업적으로는 "무엇"이 목표이고
감정적(감성적)으로는 "무엇"이 목적이며
철학적(이성적)으로는 "무엇"을 추구한다고
말할 수 있도록 준비해야 한다.

✿　우리 삶의 목적은
유형적 성취, '재권명애(財權名愛, 재물, 권력, 명예, 사랑)'의 추구
무형적 성취, '가치와 철학(자유, 평등, 정의)'의 추구로 구분된다.
어느 쪽을 중요시 할 지는 사람의 성향과 능력에 따라 바뀐다.
그러나 분명한 것은
그 비율의 경중은 있겠지만
두 가지가 비슷한 균형을 이루고 있어야 한다는 것이다.

1. 나에 대하여

(1) 자신의 2단계 꿈(가치를 위한 꿈)을 두세 글자로 표현하고 그 이유를 설명하시오. (200자)

(2) 자신의 삶의 목적을 구체적으로 기술하시오. (2분류, 3분류)

✿ 자신의 가치를 위한 꿈, 삶의 목적을 철학적으로 생각해보자.

(1)

200자

(2)

400자

2. 고전 읽기 (장자, 도척편)

장자　　　　　　도척편

장자, 도척편을 통하여
진정한 삶의 목적이
무엇인지 생각해보자.

2. 고전 읽기 (장자, 도척편)

〈제시문 1〉

'무족(無足)'은 '지화(知和)'에게 "사람들은 명성을 찾아 열중이고, 이익을 찾아 나서는 법이다. 그래서 그가 일단 부자가 되면 사람들은 그에게 몰려와 무리를 짓고, 무리를 지으면 모두 칭찬하고, 이처럼 칭찬하면 그는 항상 대접을 받는다. 그러므로 이는 남들이 존중하고 대접을 해주며 오랫동안 살면서 자신을 편안하게 하거나 즐겁게 하는 방법이다. 그런데, 당신은 그럴 생각이 별로 없는 것 같은데, 지혜가 없기 때문인가, 오히려 지혜가 있지만 실행할 의지가 없어서 추구하지 않는 것인가? 아니면 의도적으로 너무 올바른 길만 찾다가 부와 명성의 이점을 잊은 것은 아닌가?"

〈제시문 2〉

지화는 이렇게 답했다. "이제 부자들은 같은 시기에 태어나고 같은 곳에 사는 사람들이 자신들을 세상에서 뛰어난 군자라고 생각하는 줄로 착각한다. 그들은 단지 이익을 좇고 표준도 없다. 이는 다만 세태의 흐름과 시비의 이익만 보기 때문이며 그래서 그들은 속임수로 가득한 세상의 영향을 받아, 가장 중요한 생명에 대한 소중함을 잊고, 가장 고귀한 자연의 큰 진리를 버리고, 마음대로 이익을 좇기 때문이다. 그들은 오래 살며 몸을 편안히 두고, 자연의 도리를 즐기는 것과는 거리가 멀다. 슬픔이나 쾌락의 위안, 불안에 대한 두려움과 기쁨의 근원에 대해서는 생각조차 하지 않고, 단지 이익을 위해서만 살아감으로써 모든 것이 무위자연으로 일어나는 큰 원리를 알지 못한다. 그러므로 천자와 같은 높은 지위, 천하의 거대한 부를 얻게 되더라도 걱정과 근심을 피할 수 없는 법이다."

2. 고전 읽기 (장자, 도척편)

〈제시문 3〉

　다시 무족이 말했다. "보통, 부는 사람들에게 언제나 이로운 법이다. 당신이 부자라면, 당신은 모든 아름다운 것들을 얻을 수 있으며, 세상의 힘을 나의 것으로 만들 수도 있다. 따라서 이는 지인(至人)도 가질 수 없으며 성인(聖人)도 도달할 수 없다. 또한 부자가 된다면 다른 사람의 용감한 힘을 빌려서 자신의 지위를 강화하고, 다른 사람의 머리를 빌려서 자신의 이름을 드높일 수 있고, 또 다른 사람의 덕으로 자신을 현명하게 만들 수 있으며, 나라에서 존경받을 만한 인물이 아닌데도 군부(君父)와 같은 존엄성을 갖게 된다. 또한, 다른 사람의 깊은 지혜에서 배우지 않고도, 아름다운 음악, 즐거운 경험, 훌륭한 맛과 권력을 즐길 수 있으며, 실제 경험하고 생각하지 않고도 모든 것을 편안하게 느낄 수 있는 법이다. 스승을 기다려 배우지 않고도 알 수 있는 〈하고 싶은 일을 따르고 원하지 않는 일을 피하는 것〉은 인간의 본성인 것이다. 그러므로 이 세상에서 이 부를 거절할 수 있는 사람이 과연 있겠는가?"

〈제시문 4〉

　이 말에 지화는 다음과 같이 답했다. "참으로 현명한 사람의 행동은 사람들의 자연스런 마음에 따라 행동하기 때문에 사람들의 정도를 위반하지 않는다. 따라서 스스로 만족하기 때문에 다투지 않으며 지나친 욕구가 없음으로 구함이 적다. 그러나 이익을 구하는 사람은 항상 만족하지 못하기 때문에, 어디에서나 다투지만, 이것을 탐욕으로 생각하지 않는다. 진정으로 지혜로운 사람은 본래 과도한

2. 고전 읽기 (장자, 도척편)

것을 추구하지 않기 때문에 천자의 지위를 버려도 자신이 청빈하다고 생각하지 않는다. 청렴과 탐욕의 본질은 탐내는 물질에 의존하지 않고, 사람이 갖는 욕망의 정도에 따라 결정되는 것이다. 진정으로 지혜로운 사람은 자신이 천자가 되었더라도 그 지위로 사람들에게 거만하지 않고, 세상의 부자가 되었더라도 자신의 재물로 남을 무시하지 않는다. 또한 그는 천자 또는 세상의 부자라는 이익이 지니는 염려와 근심에 대해 생각하고, 그것이 자연과 상반되는 것을 고려해서, 그것이 자신의 본래 존재에 해가 된다고 생각할 때, 그것을 수용하려 하지 않으며, 그것에서 명예를 얻으려고 힘쓰지 않는다. '선권'이나 '허유'에게 요와 순이 천하를 양보한 것은 천하의 어짊을 베풀려 한 것이 아니라, 천하의 이익을 얻고자 자신의 자유로운 본성을 해치지 않기 위함이다. 선권이나 허유도 천자의 지위를 생각 없이 사양한 것이 아니라, 세상의 이익 때문에 자신의 자유로운 본성을 해치지 않기 위함이었다. 그들은 모두 자신의 유일한 〈본성〉을 생각하고 그것을 해치는 것을 피한 것이다. 이런 이유로 세상 사람들은 그들을 이로움을 구하지 않지만 현명하다고 말하는 것이다. 그들은 단지 자신의 명예를 위해서만 이처럼 행동한 것은 아니다."

〈제시문 5〉

그러나 무족은 이렇게 말했다. "사람이 항상 자신의 본성을 유지하기 위해 몸을 돌보지 않고 좋은 음식을 먹지 않으며 자신의 몸을 너무 검소하게만 살아가는 것은 마치 오랫동안 병을 앓는데 가난으

2. 고전 읽기 (장자, 도척편)

로 죽도록 고생하면서 죽지는 않는 처지와 비슷한 일이다."

〈제시문 6〉

이에 대해 지화가 이렇게 답했다. "모든 면에서 공정한 중용을 유지하는 것은 행복이 되며, 적도에 넘쳐나는 생활은 생명을 위협하는 것이지만, 그중에서도 부와 재물의 문제는 특히 심각한 일이다. 어떤 부자가 쇠북, 북, 퉁소, 피리의 음악을 귀로 즐기고, 입으로 맛있는 고기와 술을 먹으며 탐욕을 만족시키면서, 해야 할 일을 잊어버리곤 하는 데 이를 **난**(亂)이라 한다. 자신의 활발한 힘에 깊이 빠져들어 무거운 짐을 지고 끝까지 간다면 이것을 **고**(苦)라 한다. 재물을 모으다 병이 생기고 권력을 탐하나 힘을 소진하며 삶이 윤택해지니 즐거움만 추구하니 이는 **병**(病)이라 한다. 부와 이익을 탐해 마음의 장애물에 벽처럼 둘러싸여 있어도 그것을 피하지 않고 계속 고집을 피우는 것을 **욕**(辱)이라 한다. 부를 모으고 사용하지 않으며, 부를 모으는 데만 집중할 뿐만 아니라, 마음에 어려움을 겪고 있지만 이익 추구를 포기하지 않으니 이를 **우**(憂)라 한다. 그들이 집에 있을 때 강도가 들어 오는 것을 걱정하고 외출할 때 도둑의 피해를 두려워하여, 집 안에 경비원을 두고 문밖으로는 혼자 다니지 못하니 이를 **외**(畏)라 한다.

2. 고전 읽기 (장자, 도척편)

　이 같은 혼란(亂), 괴로움(苦), 병(病), 부끄러움(辱), 근심(憂), 두려움(畏) - '난고병욕우외' 이 여섯 가지는 세상에서 매우 위험한 것이다. 그러나 부자들은 이런 것들을 생각하지 않고 깊이 들여다보려고 하지도 않는다. 그러나 어쩌다가 그런 환난을 만나면 지금까지 모은 모든 부와 지금까지 축적한 부를 모두 사용하면서 '난고병욕우외' 없이 하루를 보내고 싶다고 하더라도 그것은 불가능한 일이다. 따라서 재물과 부는 명예의 관점에서도 존중될 수 없으며, 손익의 관점에서도 전혀 이익이 되지 않는다. 사정이 이러한데, 사람들은 부와 재물 때문에 정신과 몸을 허비하며 정신없이 모으니, 이는 무언가에 홀린 것 아닌가?

2. 고전 읽기 (장자, 도척편)

문제 1 제시문 〈1~6〉을 각 두 문장으로 요약하시오.

답안

1.

2.

3.

4.

5.

6.

2. 고전 읽기 (장자, 도척편)

문제 2 재물(富)이 주는 이익과 명예에 대하여 무족과 지화의 주장을 비교, 설명하시오. (600자)

답안

200자

400자

3. 주제 토론: 삶의 목적

〈제시문 가〉

생존이 절실했던 기존 세대 삶의 목적은 풍요로운 세계 건설이었으며, [물질적 풍요로움이 가져다주는 환각] 속으로 자신을 몰두시켰다. 그런데 이 환상은 진정한 인간적 풍요로움, 즉 [자유롭고 자신만의 독특한 창조적 삶 실현을 통한, 여유롭고 부드러운 미소를 띤 풍요로움]을 망각하게 했다. 불완전한 기존 세대로부터 탄생한 우리 기형적 세대의 특징은 목적의식 결여로 집약된다. 이들 삶의 목적은 삶의 풍요로움이기보다는 탐욕스런 소유에 가깝다. 이는 그들에게 진정한 삶의 목적을 인도하는 삶의 교육 부재에 기인했을지도 모른다. 목적의식 오류는 우리 소중한 친구, 민중을 목적 실현을 위한 도구로 전락시켰다. 정신을 인도할 수 없는 자들은 억압으로 인간을 굴복시켰으며, 가장 손쉬운 방법은 인간 일반을 조직화, 구성원화 시키는 것이었다. 목적의식을 잃고 방황하면, 어리석고 탐욕스런 자들의 의도대로 우리 삶은 힘을 잃어 간다.

〈제시문 나〉

우리가 갈망하는 실존적 존재 [나]를 찾기 위한 비밀 열쇠는 진리, [평등적 자유]와 관련 있다. 깊은 내면세계로부터 길을 인도하는 듯한 자연스러움으로 자신의 삶을 구성, 성취해 나가는 이상적 세대는, 새로운 세대에게 인간 목적의식을 다양하게 부각시킨다. 목적의식은 우리 생존을 결정한다. 이를 인도하는 자의 역할은 새로운

3. 주제 토론: 삶의 목적

세대의 [삶의 목적]을 제시함과 동시에, 우리 모두의 미래를 결정하는 역할을 수행한다. 우리 삶의 목적은 평등한 자유 실현이다. 누군가의 삶을 인도하기 위해서는, 자신이 가진 삶의 목적이 진리에 접근해야 한다. 진리는 의심의 여지 없이, [평등적 자유]를 향한다. 만일 사람들이 자신을 따르지 않는다면, 자신의 목표를 돌아보고, 수정해야 한다.

〈제시문 다〉

자유정신을 가진 삶의 안내자 또는 [리더]의 조건은, 사명감을 가지고 [인간 가치와 사유 세계를 새로운 세대에게 교육하고 전달]해야 한다는 것이다. 우리는 그들이 우리 인간 삶 속에서 [자유로움]의 가치를 인식하게 하고, 모든 인간 일반이 각자 자신만의 독특한 세계를 구성하는 위대한 창조적 능력을 발휘할 수 있도록 도우며, 우리가 모두 풍요로움의 진정한 의미를 다시 인식할 수 있도록 하면서, 우리를 끝까지 도울 것을 간절히 기대한다.

3. 주제 토론: 삶의 목적

문제 1 제시문 (가)(나)(다)의 제목을 각각 정하고, 핵심 내용을 정리하시오. (각 100자)

답안

제시문 (가)

제시문 (나)

제시문 (다)

3. 주제 토론: 삶의 목적

문제 2 제시문 (가)(나)(다)를 바탕으로 삶의 목적에 대하여 자신의 생각을 기술하시오. (400자)

답안

15. 삶의 목적에 대하여

✿ 삶의 목적은 세 가지 구분할 수 있다.

(1) 여유롭고 부드러운 미소를 갖기 위한 [자신을 위한 삶]
(2) 평등적 자유를 위한 [타인을 위한 삶]
(3) 시대를 초월한 교육과 리더로서의 역할을 위한 [진리를 위한 삶]

모두 훌륭한 삶이다.
세 가지 커다란 역할을 모두 균형 있게 행하면서
살아가는 고귀한 삶이 되도록
우리 모두 성찰하고 또 노력하자.

4. 천자문 (15/125)

愛(사랑 애) **育**(기를 육) **黎**(검을 려) **首**(머리 수)
백성을 사랑으로 대하니

臣(신하 신) **伏**(엎드릴 복) **戎**(오랑캐 융) **羌**(종족 강)
융족과 강족도 신복시켰다.

애육여수   신복융강

愛育黎首 하니   臣伏戎羌 이라.

사랑과 감동만이 사람을 고개 숙이게 한다.
(힘과 지식으로는 불가능하다.)

[한자 세 번, 뜻 한 번을 쓰시오]

4. 명심보감 (明心寶鑑)

권학편(勸學篇)

少年易老學難成 이니
소년이로학난성

一寸光陰不可輕 이라
일촌광음불가경

소년은 쉽게 늙고 학문은 이루기 어려우니
짧은 시간도 가볍게 여기지 말라.

죽기 전에 멋진 자,
군자가 한 번 되어봐야 하지 않겠는가?

[한자 두 번, 뜻 한 번을 쓰시오]

5. 논술 / 글쓰기

[문제] 다음 글을 읽고 자신의 생각을 자유롭게 논술하시오. 단 이 글의 핵심 주장을 옹호하거나 비판 하는 내용을 반드시 포함시키시오. (600자) *

1 나폴리를 여행하다 햇빛 아래 누워 있는 열두 명의 걸인과 마주쳤던 여행객 이야기가 있다. 그는 가장 게으른 걸인에게 일 리라를 주겠다고 했다. 그중 열한 명이 벌떡 일어나 자기가 갖겠다고 하자 그 여행객은 여전히 누워 있던 열두 번째 걸인에게 돈을 주었다. 이 여행객의 판단은 정확했다. 내가 진심으로 말하고 싶은 것은 '근로'가 미덕이라는 믿음이 현대 사회에 막대한 해를 끼치고 있다는 것이다. 따라서 행복과 번영에 이르는 길은 조직적으로 일을 줄여 가는 일이다.

2 문명이 시작된 이래로 산업 혁명에 이르기까지 대체로 인간은 열심히 일해도 자신과 가족의 생계에 필요한 정도밖에 생산할 수 없었다. 비록 그의 아내도 남편 못지않게 열심히 일했고 아이들도 나이가 차는 대로 노동력을 보탰지만 말이다. 우리가 근로의 바람직성과 관련해 당연하게 여기고 있는 많은 내용들이 이 옛 체제에서 파생되어 나온 것이다. 따라서 이것들은 산업 사회 이전의 산물이기 때문에 현대 세계에는 적합하지 않다. 근로의 도덕은 노예의 도덕이며 현대 세계는 노예 제도를 필요로 하지 않는다.

3 여가란 문명에 필수적인 것이다. 예전에는 다량의 노동이 있어야만 소량의 여가가 가능할 수 있었다. 그러나 다량의 노동이 가치 있는 이유는 일이 좋은 것이어서가 아니라 여가가 좋은 것이기

* 철학 올림피아드 문제

5. 논술 / 글쓰기

때문이었다. 이제 현대 사회는 기술의 발전으로 문명에 피해를 주지 않고도 얼마든지 공정하게 여가를 분배할 수 있게 되었다. 현대의 기술은 만인을 위한 생활필수품을 확보하는 데 필요한 노동의 양을 엄청나게 줄였다. 그러나 우리 실제 상황은 일하는 사람들은 장시간 일을 해야만 하고 나머지 사람들은 일자리가 없어 굶어 죽게 방치된다. 왜냐하면 일은 의무이므로 사람은 그가 생산한 것에 비례해 임금을 받는 것이 아니라, 근면성으로 대표되는 그의 미덕에 비례해 임금을 받아야 하기 때문이다. 이것이야말로 노예 국가의 도덕 임에도 불구하고 그것이 생겨난 상황과는 전혀 다른 상황에 그대로 적용되고 있었다. 그러니 결과가 비참한 것은 당연할 수밖에.

4 노동자들에게 "당신이 인생에서 제일 좋아하는 게 뭐요?" 하고 물었을 때 다음과 같이 대답할 가능성은 거의 없다. "나는 육체노동을 즐긴다. 그것은 내가 인간의 가장 고귀한 임무를 수행하고 있다고 느끼게 하기 때문이다. 또한 인간이 이 지구를 얼마만큼 변화시킬 수 있을까를 생각하면 즐겁기 때문이다. 내 몸이 주기적인 휴식을 요구하는 건 사실이므로 최선을 다해 채워 넣어야 하겠지만, 아침이 오고 내게 만족감을 불러일으키는 노고의 현장으로 다시 돌아갈 때만큼 행복한 순간은 없다." 노동하는 사람들이 이런 식으로 말하는 것을 나는 한 번도 듣지 못했다. 그들은 일을 생계에 필요한 수단으로만 생각할 뿐이다. 그리고 그들이 어떤 것이든 행복감을 느낀다면 그것은 바로 여가에서 나오는 것이다. 과거에는 속 편하게 노는 것에 대한 수용력이 있었다. 그러나 능률 숭배로 인해 그러한 부분은 사라져 버렸다. 현대의 인간은 모든 일이 다른 어떤 목적을 위해 행해져야 한다고 생각하며 그 자체를 목적으로 일하는 법

5. 논술 / 글쓰기

이 없다.

5 이익을 가져오는 것만이 바람직한 행위라는 관념이 모든 것을 뒤바꿔 버렸다. 당신에게 고기를 제공해 주는 정육점이나 빵을 제공하는 빵집 주인은 칭찬받아 마땅하다. 그들은 돈을 벌고 있기 때문이다. 그러나 그들이 제공해 준 음식을 즐길 때의 당신은 일하는 데 필요한 힘을 내기 위해 먹지 않는 한, 불성실한 일을 하고 있는 것이다. 노골적으로 말하자면 돈을 버는 것은 선(善)이고 돈을 쓰는 것은 악(惡)이란 얘기다. 그 두 가지가 거래의 양 측면이란 점을 생각할 때 그 같은 얘기는 모순이다. 물품 생산에서 나온 가치가 어떤 것이든 그것은 그 물품을 소비하는 행위에 의해 획득된 이익에서 나온 것임이 틀림없기 때문이다.

6 우리 사회에서 개인은 이윤을 위해 일한다. 그런데 그가 하는 일의 사회적 목적은 생산한 것을 소비하는 데 있다. 생산의 개인적 목적과 사회적 목적 사이의 이 같은 분리야말로 이윤 창출이 산업을 자극하는 세계에 사는 사람들로 하여금 명쾌한 사고를 하기 어렵게 만드는 주요인이다. 우리는 생산에 관해선 너무 많이 생각하고 소비에 대해선 너무 적게 생각한다. 그 결과로 우리는 즐거움의 향유나 소박한 행복에는 별 중요성을 두지 않으며 생산을 그것이 소비자에게 주는 기쁨에 근거해 판단하지 않는다.

7 도시 사람들의 즐거움은 대체로 수동적인 것으로 되어 버렸다. 영화를 보고 축구 시합을 관전하고 라디오를 듣고 하는 식이다. 이렇게 된 것은 그들의 적극적인 에너지들이 모조리 일에 흡수되어

5. 논술 / 글쓰기

버렸기 때문이다. 여가가 더 있다면 그들은 과거 적극적인 부분을 담당하며 맛보았던 즐거움을 다시 누리게 될 것이다. 생계를 위해 누구도 하루 네 시간 이상 일하도록 강요받지 않는 세상에서는, 과학적 호기심에 사로잡힌 사람이라면 누구든 그 호기심을 맘껏 탐닉할 수 있을 것이고, 어떤 수준의 그림을 그리는 화가든 배곯지 않고 그림을 그릴 수 있을 것이다. 또한, 젊은 작가들은 기념비적인 대작을 내는 데 필요한 경제력을 확보할 요량으로 감각적인 작품을 써서 주의를 끌어보려 하지 않아도 될 것이다.

8 그러나 무엇보다도 인생에 행복과 환희가 충만할 것이다. 신경 쇠약과 피로와 소화불량증 대신에 말이다. 필요한 일만 함으로써 기력을 소모하는 일 없이 여가를 즐겁게 보낼 수 있을 것이다. 따라서 여가 시간에 지쳐버리는 일은 없을 것이므로 사람들은 수동적이고 무기력한 류의 오락거리들만 찾지는 않을 것이다. 적어도 1%는 직업상의 일에 써버리지 않은 시간을 뭔가 유용한 것을 추구하는 데 바칠 것이다. 또한, 그러한 일들은 생계와 관련된 것이 아니기 때문에 독창성이 방해받는 일은 없을 것이며 나이 많고 박식한 사람들이 만들어 놓은 표준에 맞출 필요도 없을 것이다. 그러나 여가의 좋은 점은 이러한 예외적인 경우에서만 확인되는 것은 아니다. 행복한 생활의 기회를 가지게 된 평범한 남녀들은 보다 친절해지고 서로 덜 괴롭힐 것이고 타인을 의심의 눈빛으로 바라보는 일도 줄어들 것이다. 모든 도덕적 자질 가운데서도 선한 본성은 세상이 가장 필요로 하는 자질이며, 이는 힘들게 분투하며 살아가는 데서 나오는 것이 아니라, 편안함과 안전에서 나오는 것이다.

5. 논술 / 글쓰기

> **9** 현대의 생산 방식은 우리 모두가 편안하고 안전하게 살 수 있는 가능성을 열어 놓았다. 그런데도 우리는 한쪽 사람들에겐 과로를, 다른 편 사람들에겐 굶주림을 주는 방식을 선택해 왔다. 지금까지도 우리는 기계가 없던 예전과 마찬가지로 계속 정력적으로 일하고 있다. 이 점에서 우리는 어리석다. 이 어리석음을 계속 이어갈 이유는 없다.

* 문단 별 핵심 내용 두 줄 정리 후 답안 작성

답안 (핵심 내용 정리)

1.

2.

3.

4.

5.

6.

7.

8.

9.

답안

자신의 생각을 자유롭게 논술하시오.

인문고전 추천 15

삼국지연의 (나관중)

《삼국지연의》(三國志演義)는 서기 184년 황건의 난부터 서기 280년까지 중국 대륙에서 벌어진 실제 사건을 바탕으로 집필한 중국의 대표적 고전 소설로, 명나라 때 나관중의 책이다.

※ 연의(演義): 역사적인 사실을 부연하여 재미있고 알기 쉽게 쓴 책

〈주요 내용〉

황건적의 난 / 유비, 관우, 장비의 도원결의 / 황건적 토벌 / 동탁 타도를 위한 제후 연합군의 봉기(동탁 토벌전) / 여포와 원술의 활약 / 강동(江東)의 영웅 손책의 등장 / 조조와 원소의 대결(관도 전투) / 유비와 제갈량의 만남 / 적벽 대전 / 유비의 익주 획득 / 유비-손권 간의 형주 문제 / 삼국 정립 / 제갈량의 남만 정벌 / 출사표 / 촉한과 위의 숙명적 대결 / 제갈량의 죽음과 사마의

* Ref: 관련 백과사전 등 참고

독서노트 (15)

[삼국지에 흐르는 정신에 대하여]

1. 저자: 나관중

2. 도서: 삼국지 (창작과비평사 4,5,6권)

3. 독서노트
   (1) 등장 인물 열 명을 선정하고 그들의 특징과 장점을 자세히 기술하시오. (800자)
   (2) 전체적인 줄거리를 요약하시오. (800자)
   (3) 감명 깊었던 이야기 다섯 가지를 기술하시오. (800자)
   (4) '삼국지연의'에 흐르는 정신(교훈) 다섯 가지에 대하여 기술하시오. (500자)

4. 기간 : 3주

독서노트

(1) 등장 인물 10명을 선정하고 그들의 특징과 장점을 자세히 기술하시오. (800자)

독서노트

(2) 전체적인 줄거리를 요약하시오. (800자)

200자

400자

600자

독서노트

(3) 감명 깊었던 이야기 다섯 가지를 기술하시오. (800자)

독서노트

(4) '삼국지연의'에 흐르는 정신(교훈) 다섯 가지에 대하여 기술하시오. (500자)

Summary

1. 나에 대하여
 : 자신의 2단계 꿈(가치를 위한 꿈)을 두세 글자로 표현하고 그 이유를 설명하시오. (200자)

2. 고전 읽기
 : 장자, 장자 도척편

3. 주제 토론
 : 삶의 목적

4. 천자문 / 명심보감

5. 논술 / 글쓰기
 : 삶의 목적에 대한 의견

6. 독서 노트
 : 삼국지 (나관중)

삶의 목적에 대하여

✿ 15. 삶의 목적에 대하여 자신의 생각을 종합하시오.

명예는
자기 것을 아무 대가 없이 제공해야 얻을 수 있다.
인기와 명예를 혼동 말라.

- 진리의서, 자유정신사 -

16. 참과 진리에 대하여

진리란 무엇인가?

16. 참과 진리에 대하여

✿ '참'은 맞는 것이다.
논리적으로 판단하는 것이며 '맞음과 틀림'의 기준이다.
참은 항상, 어디서나, 누구에게나 맞아야 한다.

✿ '진리'는 옳은 것이다.
관습적으로 주관적으로 판단하는 것이며 '옳음과 그름'의 기준이다.
진리는 시간에 따라, 장소에 따라, 사람에 따라 변화하는 것이다.
이를 진리의 '시간성', '공간성', '개별성'이라 한다.

✿ '옳음'의 기준이면서도
시간성, 공간성, 개별성을 초월하는 진리는 '절대 진리'라 한다.
"모든 인간은 평등하다." "모든 인간은 존엄하다."조차도
절대 진리는 아니다.

✿ '맞음과 틀림'의 관점에서는 '참의 여부'를 판단하며
'옳음과 그름'의 관점에서는 '진리의 여부'를 판단한다.

16. 참과 진리에 대하여

✿ 다음 물음에 답하시오.

(1) '1+1=2'
． 참인가, 비(非)참인가?
． 진리인가, 비(非)진리인가?

(2) '그 사람이 범인이다.'
． 참인가, 비(非)참인가?
． 진리인가, 비(非)진리인가?

(3) '인간은 생각하는 존재이다.'
． 참인가, 비(非)참인가?
． 진리인가, 비(非)진리인가?

(4) '남자는 집안 일을 해서는 안 된다.'
． 참인가, 비(非)참인가?
． 진리인가, 비(非)진리인가?

(5) '도둑질을 해서는 안 된다.'
． 참인가, 비(非)참인가?
． 진리인가, 비(非)진리인가?

(6) '우리는 약자를 도와야 한다'
． 참인가, 비(非)참인가?
． 진리인가, 비(非)진리인가?

1. 나에 대하여

자신의 꿈이 지금 어디에 있고 또 어디로 가고 있는지 깊이 생각하여 기술하시오. 그리고 그 꿈을 위해 DRP 관점에서 어떤 일들을 하고 있는지 설명하시오. (600자)

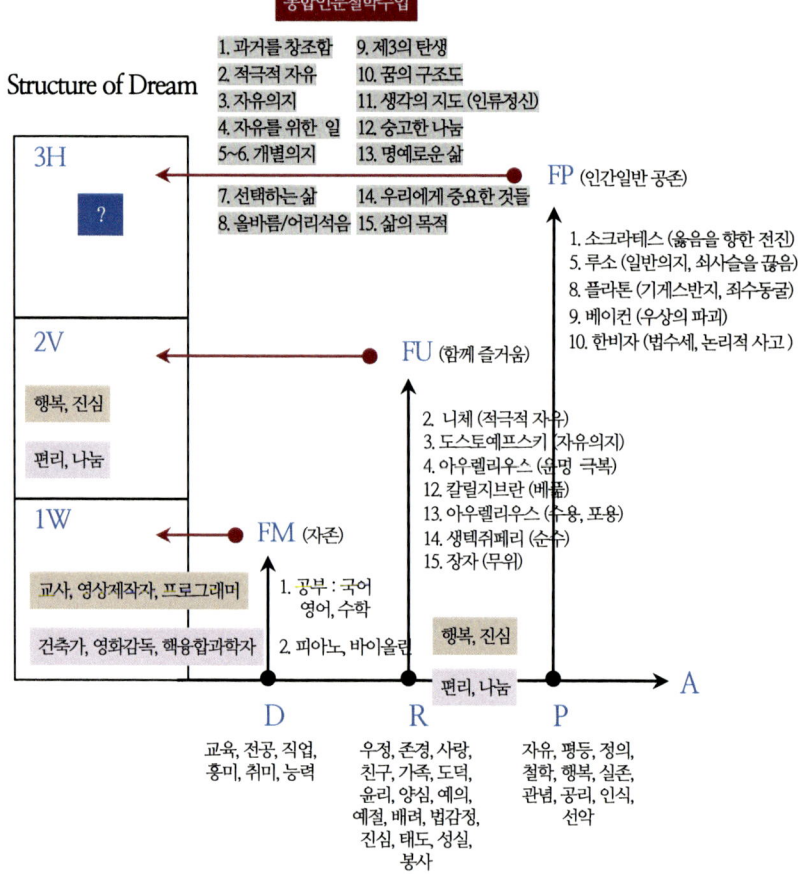

* . W: work, . V: value, . H: happiness,
  . D: development, . R: relationship, . P: philosophy, A: action
  . FM: for me, . FU: for us, . FP: for people

1. 나에 대하여

자신의 꿈이 어디로 가고 있는지 깊이 생각하여 기술하시오. 그리고 그 꿈을 위해 DRP 관점에서 어떤 일들을 하고 있는지 설명하시오. (600자)

✿ 자신의 꿈을 위해 구체적으로 행동하지 않는다면, 그 꿈은 잠에서 꾸는 꿈과 다를 바 없다.

답안

2. 고전 읽기 (니체, 반시대적 고찰)

니체   반시대적 고찰

Friedrich Nietzsche (1844~1900)

니체, 반시대적 고찰에서
'존재'와 '교육'에 대하여 사유한다.
우리의 참된 존재, 진리적 존재가 무엇인지,
그리고 참되고 진실한 교육이 무엇인지 생각해보자.

2. 고전 읽기 (니체, 반시대적 고찰)

⟨제시문 가⟩

우리는 어떻게 자기 자신을 재발견하는가? 인간은 어떻게 자신을 알 수 있는가? 인간은 어둡게 덮여있는 감추어진 물체이다. 그리고 토끼가 일곱 개의 껍질을 가졌다면, 인간은 일흔 번씩 일곱 번 껍질을 벗겨도 "이것은 바로 당신의 진짜 존재이고, 이것은 외부 껍질이 아니다"라고 말할 수 없다. 뿐만 아니라, 처음부터 자신을 파헤치고 가장 빠른 방법으로 자기 존재의 본질로 수직 터널을 억지로 파내려가는 것은 고통스럽고 위험한 일이다. 이때 의사들도 고칠 수 없는 심각한 정신적 부상을 입기 쉽다.

⟨제시문 나⟩

하지만, 우리의 적대감, 우인 관계, 시선, 악수, 기억, 망각, 서적, 필체 등, 이 모두가 우리의 본질을 증언하는데 굳이 그럴 필요가 있겠는가? 그리고 가장 중요한 조사를 진행하기 위한 또 다른 수단, 바로 이런 것들도 있다. 지금까지 그대는 무엇을 참으로 사랑했으며, 무엇에 당신의 영혼이 감동했고 매혹했으며, 동시에 당신의 영혼을 지배하고 진정으로 즐거워한 것은 무엇인가? 젊은 영혼이여, 이 질문으로 삶을 다시 돌아보라. 이처럼 그대가 사랑한 대상들을 그대 앞에 세워라. 그렇다면 아마도 이러한 대상은 그 본질과 연속성을 통해 자신의 원래 법칙, 본래 근본 법칙을 당신에게 드러낼 것이다. 이 대상들을 비교하라. 그것들 중 하나가 다른 것을 보완하고, 그것

2. 고전 읽기 (니체, 반시대적 고찰)

을 확장하고, 능가하고, 빛으로 채우는 것을 보라. 이것들이 지금까지 그대 자신으로 형성해 왔던 것을 어떻게 만드는지 확인해보라. 그대의 진정한 본질은 그대 안에 깊게 숨겨져 있는 것이 아니라, 적어도 당신이 보통 자신이라고 생각하는 것보다도 훨씬 쉽게 눈에 띄는 아주 높은 곳에 자리 잡고 있음을 잊지 말라.

〈제시문 다〉

진정한 교육자와 형성자는 본질의 원래 의미와 보다 근본적인 것, 전혀 교육하거나 형성할 수 없고, 접근하기 어렵고, 어쨌든 구속되고 마비되기 어려운 것을 알려준다. 따라서 교육자는 바로 해방자이며, 그 외 다른 사람이 아니다. 바로 이것이 모든 교육의 비밀이다. 다시 말해서, 진정한 교육은 겉보기에만 그럴듯한 의수의족, 밀랍코를 교육하지 않는다. 그런 터무니없는 것을 주는 것은 거짓 교육일 뿐이다. 진정한 교육은 그대 삶의 해방을 주는 것이며, 식물의 부드러운 싹을 죽이고 갉아먹는 모든 잡초, 자갈 및 해충을 제거하는 것이고, 밝고 뜨거운 '빛과 열'의 방출과 같은 것이며, 밤비의 정다운 쏟아짐 같은 것이다.

2. 고전 읽기 (니체, 반시대적 고찰)

문제 1 제시문 (가)~(다)의 제목을 정하고 핵심 내용을 도출, 정리하시오. (각 200자)

〈제시문 가〉

200자

〈제시문 나〉

400자

〈제시문 다〉

600자

2. 고전 읽기 (니체, 반시대적 고찰)

문제 2. 제시문을 바탕으로 자신의 본질적 존재가 무엇인지에 대하여 논술하시오. (600자)

문제 2

3. 주제 토론: 참과 진리

〈제시문 가〉

[물은 높은 곳에서 낮은 곳으로 흐른다.]라는 명제는 참으로 판단할 수 있다. 그러나 샘으로부터 분출하는 물은 낮은 곳에서 높은 곳으로 흐를 수 있으므로, 위의 명제는 이렇게 바뀌어야 할 것이다. [물은 자연상태에서 동일한 압력을 받는 한, 높은 곳에서 낮은 곳으로 흐른다.] 우리는 처음 명제의 구체화를 발견할 수 있으며, 이로써 명제는 더욱 참에 가까워졌음을 느낄 수 있다. 그러나 문제는 여기에 그치지 않는다. 자연상태의 정의가 명확하게 되어야 하는데 무중력 상태에서는 물의 흐름이 없다는 것이 사유 가능하기 때문에 위 명제는 중력 상태에 대한 구체적 조건이 필요하다.

〈제시문 나〉

물의 물성에 대한 고찰도 필요하다. 고체 상태 물이나 기체 상태 물은 반드시 높은 곳에서 낮은 곳으로 흐르지는 않기 때문이다. 이로부터 처음 명제는 다시 이렇게 변경된다. [높은 곳에 있는 액체 상태의 물은, 중력이 작용하는 곳의 자연상태에서 그리고 동일한 압력을 받는 조건에서, 낮은 곳으로 흐른다.] 여기에 높고 낮음에 대한 시각차가 발견되는데, 우리 고려(考慮)에 지구 외부로부터의 시각이 추가된다면 높고 낮음 개념 혼란이 발생하므로, 높음의 기준은 [지구 중심을 기준으로 먼 곳에 있는]으로 변경이 필요하다. 또한, 바다의 물은 지구와 달과의 인력 변화로, 낮은 곳에서 높은 곳으로 흐를 수 있으므로, 이에 대한 수정 또한 필요할 것이다. 여기에, 물은 전기

3. 주제 토론: 참과 진리

적 극성을 띠고 있으므로 동일한 높이에서도 강력한 전기적 힘에 의하여 흐름이 가능하다. [도대체 물의 흐름에 관한 이 간단했던 명제는 얼마나 길어져야 보편타당한 참이 될 것인가?] 이는 인간의 인식 수준에 따라 변화될 것이다. 즉 이 명제는 인간의 인식 수준이 증대되면, 계속 변화되어야 할 것으로 생각할 수 있다.

〈제시문 다〉

이처럼, 물의 흐름에 관한 당연하다고 생각했던 간단한 명제는 영원히 참으로 될 수 없는 운명인 것 같다. 여기서 우리는 한가지 사실을 발견하는데 그것은 바로 [진리는 인식 주체에 따라 변경된다.]는 사실이다. 원시 상태에서의 한 인간이 일정한 지역에서만 거주한 경우, 그는 죽는 순간까지 최초의 명제 [물은 높은 곳에서 낮은 곳으로 흐른다.]를 진정한 진리로 믿고 죽어갔을 것이다. 이로부터 명제(진리)는 특정 인식 주체의 특정 시간과 특정 공간 조건이 주어져야 할 것으로 생각할 수 있다. 특정 인식 주체 의지로부터, 특정 시간을 사유할 수 있으며, 특정 인식 주체 의지로, 특정 공간을 사유할 수 있다. 그러므로 명제는 특정한 인식 주체 의지에 의해 진리로서 사유 가능하다. 그러므로 [인식 주체의 의지가 진리를 창조한다.] 나는 시냇물이 흐르는 이곳, 아침 햇살이 가득한 이때 [높은 곳의 물은 낮은 곳으로 흐른다.]를 진리로써 인식한다. 이와 같이 진리는 일반화되는 것이 아니라, 인식 주체에 의해 의지되고 인식된다. 진리는 나에 의해 창조되는 것이다.

3. 주제 토론: 참과 진리

〈제시문 라〉

[직각 삼각형에서 제일 긴 변의 제곱은 다른 두 변을 각각 제곱한 값의 합과 같다.] 이 명제 또한 기본 기하학적 전제와 절대 평면의 가정 등 매우 긴 가정을 통해 비로소 참으로 받아들여질 수 있다. 우리는 여기서 또 다른 중요한 개념의 도입이 필요한데, 그것은 [참과 진리의 분리]이다. 진리는 인식 주체에 의해 인정돼야 하는 것임에 틀림없다. 그러므로 [참과 거짓이 주체에게 인식되지 않는 명제]를 진리라고 할 수 없다. 위의 기하학적 명제는 참이다. 그러나 위 명제는 기하학적 관련 지식이 없는 자에게는 참과 거짓의 판별이 불가능하다. 그러므로 위 명제는 대부분 수학적 명제에서 그러하듯이 수학적 기하학적 지식을 가진 인식 주체에게는 참이면서 진리이나, 그렇지 못한 인식 주체에게는 참이지만 진리는 아니다. 우리는 이렇게 결론 내린다. [진리는 특정한 인식 주체에 의하여 의지될 때 진리로 탄생한다.] 진리는 모든 인간에게 스스로 다가서는 것은 아니다. 진리는 개별적이다. 어떠한 위대한 철학자가 주장하는 진리도 다른 개체가 이해, 인식하지 못한다면, 그 진리는 그 철학자만의 진리일 뿐이다.

3. 주제 토론: 참과 진리

문제 1 제시문 (가)~(라)를 두세 문장으로 각각 정리하시오. (각 100자)

✿ 정리 시, 접속사를 사용할 것.

〈제시문 가〉

〈제시문 나〉

〈제시문 다〉

〈제시문 라〉

3. 주제 토론: 참과 진리

문제 2 제시문 (가)~(라)의 내용을 활용하여 '참과 진리'에 대하여 비교, 설명하시오. (600자)

16. 참과 진리에 대하여

✿ '참'은 일반화의 무수한 시도이고
진리는 인식 주체에 의해 의지(意志)되는 것이다.
그러므로 진리는 [나]에 의해 창조되는 것이다.
어떤 특정 사실에 참은 하나이지만 진리는 무수히 많다.

✿ 종교인에게 신의 존재는 진리이지만
일반인에게는 진리가 아니다.
진정한 '참'은 없을 수도 있다.
'절대 진리'는 영원히 없을 수 있다.

4. 천자문 (16/125)

遐(멀 하) 邇(가까울 이) 壹(한 일) 體(몸 체)
먼 곳과 가까운 곳을 한결같이 대하니

率(거느릴 솔) 賓(따를 빈) 歸(의지할 귀) 王(임금 왕)
모두 이끌고 와서 의지하며 왕에게 의탁하였다.

하이일체   솔빈귀왕

遐邇壹體하니   率賓歸王이라.

군자는 누구에게나 똑같이 대해야 한다.
이것만 지켜도 사람에게 큰 허물이 없다.

[한자 세 번, 뜻 한 번을 쓰시오]

4. 명심보감 (明心寶鑑)

권학편(勸學篇)

不積跬步 無以至千里 이고
부적규보 무이지천리이고
不積小流 無以成江河 라.
부적소류 무이성강하라.

한 걸음 한걸음이 쌓이지 않으면 천리를 갈 수 없고
작은 물줄기가 쌓이지 않으면 강을 이룰 수 없다.

작은 것이 쌓여야 큰 것을 이룰 수 있다.
혹시 그렇지 않은 것은 정말 큰 것이 아니다.

[한자 두 번, 뜻 한 번을 쓰시오]

5. 논술 / 글쓰기

[문제] 다음 글을 읽고 자신의 생각을 자유롭게 논술하시오. 단 이 글의 주장이 오늘날 갖는 의의와 한계를 숙고하여, 의미를 재해석하거나 한계(문제점)를 비판하는 내용을 포함시키시오. (600자) *

1   그런데 싸움에는 두 가지 방법이 있다. 그중 하나는 도리에 의한 것이며, 다른 하나는 힘에 의한 것이다. 전자는 인간 본연의 길이며, 후자는 본래가 야수의 짓이다. 그러나 대개의 경우 첫 번째 방법만으로는 부족하여 어쩔 수 없이 두 번째 방법을 원용해야 한다. 즉 군주는 야수성과 인간성을 교묘히 구사할 줄 알아야 한다. 이 점에 관해서 옛 저술가들은 군주들에게 우의적(寓意的) 방법으로 일깨워주고 있다. 예를 들면, 이 저술가들은 아킬레스를 비롯하여 많은 고대의 영웅들이 반인반수인 키론에 의하여 양육되고 교육받았다고 이야기하고 있다. 여기서 반인반수를 훈육자로 내세운 것은, 군주란 반드시 이런 양면의 기질을 구사할 줄 알아야 한다는 것을 뜻한다. 이 중 어느 한 쪽을 결하더라도 군주의 자리를 오래 유지할 수 없음을 말한 것이다. 이처럼 군주란 야수의 성질을 배울 필요가 있는 것이지만, 이런 경우 특히 여우와 사자의 성질을 동시에 갖추어야 한다. 그것은 사자는 책략의 함정에 빠지기 쉽고, 힘에 있어서 여우는 늑대를 당하지 못하기 때문이다. 함정을 알아차림에는 여우라야 하고, 늑대의 혼을 빼려면 사자라야 한다. 그저 사자의 용맹만을 내세우는 자들은 졸렬하기 이를 데 없다.

2   그러기 때문에 무릇 훌륭한 군주는 신의를 지키어 도리어 자기에게 해가 돌아올 경우, 또 약속을 맺던 당시의 동기가 이미 없

* 철학 올림피아드 문제

5. 논술 / 글쓰기

어겼을 경우에는 신의를 지키려 하지도 않을뿐더러 또 신의를 지켜서도 안 된다. 물론 이런 가르침은 만인이 선하다는 가정 밑에서는 있을 수 없다.

그러나 인간은 사악한 존재로서 당신에 대한 신의를 충실히 지켜주지 않는다. 따라서 당신도 그들에게 신의를 지킬 필요가 없다. 게다가 군주에게는 신의의 불이행도 합법적으로 정당화할 기회가 얼마든지 있는 법이다. 이 점에 관해서는 근래에 있었던 예를 무수히 들 수 있다. 군주의 불성실로 인해서 얼마나 많은 평화협정이 파기되었고 효력을 잃었던가. 또 여우의 기질을 잘 구사한 군주가 가장 큰 번영을 누린 군주라는 것도 우리는 알고 있다.

여우의 기질로 교묘히 분장할 줄 알아야 하며, 이것은 절대로 필요하다. 위장의 기술도 완전히 터득하여야만 한다. 더구나 인간이란 극히 단순하기 때문에 목전의 필요성에 의해서 움직여지기 쉽다. 그래서 속이려 들면 얼마든지 속게 마련이다.

3 요컨대 군주는 이미 말한 바 있는 인간의 여러 가지 장점을 모두 갖출 필요는 없다고 하더라도, 갖추고 있는 것처럼 보일 필요는 있는 것이다. 아니 더 솔직하게 말한다면, 좋은 성품들을 갖추고 이 성품들을 행동으로써 지킨다면 그것은 도리어 해로운 일이다. 다만 이런 성품들을 존중하는 것처럼 위장하는 일이 유익한 것이다. 즉 자비심이 많다든가, 신의가 두텁다든가, 인정이 있다든가, 표리

5. 논술 / 글쓰기

부동하지 않다든가, 경건하다고 믿도록 하는 것이 중요하다. 동시에 이런 성품과는 전혀 반대의 자세도 취할 수 있어야 하며, 또 그럴 수 있다는 자신을 평소부터 갖고 있어야만 한다.

무릇 군주라 함은. 특히 새 군주인 경우, 나라를 유지하기 위해서는 신의도 저버릴 줄 알아야 하며, 자비심을 버리고 인간미를 잃고 반종교적인 행동도 때때로 취하지 않을 수 없다는 점을 생각해 두어야 하겠다. 즉 대중에게 선한 인간으로만 통하려고 생각한다면 이는 잘못된 일이다. 따라서 군주는 운명의 변화, 사태의 변천에 따라 자유자재로 행동할 줄 알아야 한다. 또 앞에서도 말한 바와 같이 될 수 있으면 선의 길에서도 떨어지지 말아야 하겠지만, 필요할 때는 악의 길에도 서슴지 않고 발을 들여놓을 줄 알아야 하겠다.

5. 논술 / 글쓰기

[문제] 제시문 별로 (1) 각각 의미를 긍정적으로 재해석하고 (2) 한계(문제점)를 비판할 것. (각 200자)

답안

1.

2.

3.

5. 논술 / 글쓰기 (종합, 추가 답안)

[문제] 다음 글을 읽고 자신의 생각을 자유롭게 논술하시오. 단 이 글의 주장이 오늘날 갖는 의의와 한계를 숙고하여, 의미를 재해석하거나 한계(문제점)를 비판하는 내용을 포함시키시오. (600자)

인문고전 추천 16

아라비안나이트 (무명)

　페르시아의 샤리야르 대왕은 아내의 불륜을 알게 되고 여성에 대한 강한 불신으로, 결혼을 한 다음 날 왕비들을 계속 처형하였다. 이에, 셰헤라자드는 학살을 막기 위해 일부러 왕과 결혼하여 왕을 설득하기 위한 재미있는 이야기를 들려준다. 다양한 이야기를 쏟아내는 아내의 이야기 솜씨에 감탄한 샤리아르 왕은 낮에는 나라일을 보고 난 후, 밤에는 이야기를 들었다. 물론 셰헤라자드가 한 이야기들은 그녀의 창작이야기가 아닌, 서아시아지역에서 구전되던 이야기들과 그리스문학 《일리아드》의 영향을 받은 이야기이다. 무려 1001일 동안 이야기를 듣던 왕은 자기도 모르게 마음이 누그러져서 학살을 중단하였고, 자신의 아들을 3명이나 낳아준 아내와 행복하게 살다가 죽었다.

* Ref: 관련 백과사전 등 참고

인문고전 추천 16

아라비안나이트 (무명)

[내용]

- 샤리야르 왕과 세헤라자데
- 어부와 마귀
- 하시브와 구렁이 여왕
- 아브 하산의 방귀
- 알리바바와 40명의 도둑
- 고슴도치와 비둘기 부부
- 거짓말쟁이 카푸르
- 알라딘과 요술 램프
- 성격 급한 생쥐
- 이상한 도둑
- 하늘을 나는 양탄자
- 장미 공주
- 대추씨 한 알
- 하늘을 나는 목가
- 코끼리의 슬픔
- 비밀의 문
- 고양이와 까마귀
- 말하는 새
- 괴물 섬
- 게으름뱅이 모하메드의 모험
- 천일이 지난 뒤

인문고전 추천 16

[아라비안 나이트에 흐르는 정신(교훈)에 대하여]

1. 저자

   : 무명

2. 도서

   : 아라비안 나이트

3. 독서 노트

   : 읽고 싶은 이야기 세 가지를 선정하고

   (1) 각 이야기 별로 등장인물 3명의 특징을 자세히 기술하시오.

   (각 200자)

   (2) 등장인물을 중심으로 줄거리를 각 200자로 정리하시오.

   (3) '아라비안 나이트' 세 가지 이야기에 흐르는 정신(교훈) 세

   가지에 대하여 기술하시오. (각 100자)

4. 기간

   : 2주

독서노트

(1) 각 이야기 별로 등장인물 3명의 특징을 자세히 기술하시오. (각 200자)

1.

200자

2.

400자

3.

600자

독서노트

(2) 등장인물을 중심으로 줄거리를 각 200자로 정리하시오.

1.

2.

3.

독서노트

(3) '아라비안 나이트' 3세 가지 이야기에 흐르는 정신(교훈), 세 가지에 대하여 기술하시오. (각 100자)

1.

200자

2.

400자

3.

600자

Summary

1. 나에 대하여
 : 자신의 꿈이 지금 어디에 있고 또 어디로 가고 있는지 생각하여 기술하시오. 그리고 그 꿈을 위해 DRP 관점에서 어떤 일들을 하고 있는지 설명하시오. (600자)

2. 고전 읽기
 : 니체, 반시대적 고찰

3. 주제 토론
 : 참과 진리에 대하여

4. 천자문 / 명심보감

5. 논술 / 글쓰기
 : 군주론 (마키아벨리)

6. 독서노트
 : 아라비안 나이트 (무명)

참과 진리에 대하여

✿ 16. 참과 진리에 대하여 자신의 생각을 종합하시오.

위대한 철학을 부수고 또 부순다.
그리고 자신의 철학도 부순다.
진리의 힘이다.

- 진리의서, 자유정신사 -

고전인문철학수업 2

인문철학교육총서 2

고전인문철학수업 2

9. 제3의 탄생에 대하여

10. 꿈의 구조도에 대하여

11. 생각의 지도에 대하여

12. 숭고한 나눔에 대하여

13. 명예로운 삶에 대하여

14. 우리에게 중요한 것들에 대하여

15. 삶의 목적에 대하여

16. 참과 진리에 대하여

인문철학교육총서 2

인문철학교육총서 1~13권 도서 목록

인문철학교육총서 1~13권 도서 목록 (1)

순서	도서	작가	관련 수업
1	15소년 표류기	쥘 베른	3권 22강
2	걸리버 여행기	스위프트	13권 101강
3	공포와 전율	키르케고르	8권 63강
4	구토	사르트르	5권 35강
5	국가 1	플라톤	1권 6강
6	국가 2	플라톤	1권 8강
7	군주론	마키아벨리	5권 39강
8	권력에의 의지(1권)	니체	9권 72강
9	권력에의 의지(2권)	니체	10권 73강
10	그리스로마 신화	不明	2권 10강
11	그림 동화집	그림	1권 4강
12	금강경	석가모니	13권 98강
13	꿈의 해석(1~3장)	프로이드	9권 67강
14	꿈의 해석(4~5장)	프로이드	9권 71강
15	나비	헤르만 헤세	5권 40강
16	나의 라임오렌지나무	바스콘셀로스	3권 17강
17	노자	노자	6권 45강
18	논어	공자	12권 91강
19	니코마코스 윤리학	아리스토텔레스	11권 86강
20	달과 6펜스	서머싯 몸	3권 20강
21	대학	증자	13권 99강
22	데미안	헤르만 헤세	4권 27강
23	도덕의 계보	니체	12권 89강
24	디아프살마타	키르케고르	3권 17강
25	로빈슨 크루소	대니얼 디포	13권 104강
26	리바이어던	홉스	6권 46강
27	마지막 잎세, 크리스마스 선물	오 헨리	6권 41강
28	맹자	맹자	12권 92강
29	멕베스	셰익스피어	10권 80강
30	명상록 1	아우렐리우스	1권 4강
31	명상록(전권)	아우렐리우스	9권 70강
32	명상록 2	아우렐리우스	2권 13강
33	명상록 3	아우렐리우스	4권 30강
34	모파상 단편집	모파상	2권 14강
35	목민심서	정약용	10권 78강
36	문학이란 무엇인가	사르트르	4권 31강
37	바보이반	톨스토이	1권 3강
38	반시대적 고찰 1	니체	2권 16강
39	반시대적 고찰 2	니체	9권 66강
40	반지의 제왕	톨킨	7권 50강
41	방법서설 1	데카르트	1권 7강
42	방법서설 2	데카르트	7권 56강
43	법구경	법구	5권 33강
44	변신	카프카	3권 24강

인문철학교육총서 1~13권 도서 목록 (2)

순서	도서	작가	관련 수업
45	별, 마지막 수업	알퐁스 도데	4권 26강
46	보물섬	로버트 스티븐슨	2권 11강
47	보왕삼매론	묘협	5권 40강
48	비밀의 화원	프랜시스 버넷	1권 5강
49	빨강 머리 앤	루시 몽고메리	8권 59강
50	사람에게는 얼마만큼의 땅이 필요한가	톨스토이	1권 3강
51	사람은 무엇으로 사는가	톨스토이	1권 3강
52	사랑의 학교	아미치스	1권 7강
53	사회계약론	루소	4권 25강
54	사회계약론	루소	8권 58강
55	삼국유사	일연	4권 25강
56	삼국유사(2)	일연	8권 64강
57	삼국지 1	나관중	2권 15강
58	삼국지 2	나관중	6권 43강
59	생의 한가운데	루이제 린저	3권 18강
60	생의 한가운데(2)	루이제 린저	11권 82강
61	서광	니체	13권 97강
62	선악을 넘어서	니체	11권 81강
63	성찰	데카르트	3권 18강
64	소공녀	프랜시스 버넷	2권 13강
65	소월의 명시	김소월	7권 51강
66	소크라테스의 변명	플라톤	1권 1강
67	수상록	몽테뉴	11권 84강
68	순수이성비판	칸트	12권 95강
69	신논리학	베이컨	2권 9강
70	아라비안나이트	불명	2권 16강
71	안네의 일기	안네 프랑크	4권 25강
72	안데르센 동화집	안데르센	1권 2강
73	어느 개의 고백	카프카	3권 24강
74	어린 왕자 2	생텍쥐페리	2권 14강
75	어린 왕자 1	생텍쥐페리	2권 9강
76	엉클 톰스 캐빈	스토	3권 21강
77	역사철학강의	헤겔	5권 36강
78	예링	권리를 위한 투쟁	7권 54강
79	예언자 1	칼릴지브란	2권 12강
80	예언자 2	칼릴지브란	3권 19강
81	왕자와 거지	마크트웨인	4권 29강
82	육조단경	혜능	12권 94강
82	유토피아	토마스 모어	8권 57강
84	의무론	키케로	5권 34강
85	이방인	까뮈	8권 61강
86	이솝우화(2)	이솝	13권 100강
87	이솝우화 1	이솝	1권 1강
88	이솝우화 2	이솝	4권 32강

인문철학교육총서 1~13권 도서 목록 (3)

순서	도서	작가	관련 수업
89	인간 불평등 기원론	루소	1권 5강
90	인간적인 너무나 인간적인 1	니체	1권 2강
91	인간적인 너무나 인간적인 2	니체	6권 47강
92	인간적인 너무나 인간적인 3	니체	6권 48강
93	일리아드 오디세이	호메로스	6권 44강
94	자본론(1~3편)	마르크스	7권 55강
95	자본론(4~7편)	마르크스	8권 62강
96	잠언	성서	5권 38강
97	장자 1	장자	2권 15강
98	장자 2	장자	7권 49강
99	젊은 베르테르의 슬픔	괴테	3권 19강
100	정치학	아리스토텔레스	5권 37강
101	제인 에어	샬럿 브론테	13권 103강
102	존 S. 밀	자유론	7권 52강
103	존재와 무(2부)	사르트르	9권 69강
104	존재와 무(3부)	사르트르	10권 77강
105	존재와 무(4부)	사르트르	11권 85강
106	존재와 무(서론, 1부)	사르트르	9권 68강
107	존재와 시간(서론)	하이데거	10권 75강
108	주역	不明	9권 65강
109	중용	자사	12권 90강
110	즐거운 지식	니체	10권 76강
111	지하생활자의 수기	도스토예프스키	1권 3강
112	지하생활자의 수기(전권)	도스토옙스키	11권 83강
113	차라투스트라는 이렇게 말했다	니체	3권 22강
114	차라투스트라는 이렇게 말했다(1,2부)	니체	8권 60강
115	차라투스트라는 이렇게 말했다(3,4부)	니체	12권 93강
116	채근담	홍자성	12권 96강
117	철학자들의 생각 1	不明	6권 42강
118	철학자들의 생각 2	不明	6권 44강
119	체호프 단편선	체호프	3권 23강
120	키다리 아저씨	진 웹스터	13권 102강
121	탈무드 1	不明	1권 5강
122	탈무드 2	不明	1권 6강
123	톰 소여의 모험	마크트웨인	1권 8강
124	팡세	파스칼	4권 28강
125	프린키피아	뉴턴	10권 74강
126	국가	플라톤	7권 53강
127	한비자 1	한비	2권 10강
128	한비자 2	한비	3권 21강
129	햄릿	세익스피어	11권 88강
130	헤세의 명시	헤르만 헤세	10권 79강
131	황금 머리를 가진 사나이	알퐁스 도데	5권 40강
132	황금의 가지	프레이저	11권 87강

고전인문철학수업 2

명예를 위해 살지 말고
명예롭게 살라.

답안

9강. 철학자들의 생각 (3)

p113 문제 1

1. 니체는 제3의 탄생(자기 철학, 자기 가치 창조)을 위해 노예 도덕, 보다 더 좋은 것, 안이함과 나태를 벗어나 용감하고 무분별한 정직이라는 특권을 향수하라고 주장한다. 왜냐하면, 그것만이 '그대 자신이 돼라'는 말처럼 자신만의 철학과 가치에 다가설 수 있기 때문이다.

2~5. 같은 방식으로 작성

p120 문제 2

6. 소크라테스는 제3의 탄생(자기 철학, 자기 가치 창조)을 위해 '올바른 목표, 올바른 마음'을 가지라고 주장한다. 왜냐하면, '올바른 목표, 올바른 마음'을 가지면 시키지 않아도 스스로 올바른 인생을 위한 노력을 시작할 것이기 때문이다.

7~10. 같은 방식으로 작성

p122 문제 3

위 10명의 철학자들 생각을 종합하여 제3의 탄생(자기 철학, 자기 가치 창조)을 위해 무엇을 중요시 해야 하는지 숙고하여 작성한다. (10개의 생각을 모두 다시 필사해도 됨)

10강. 철학자들의 생각 (4)

p131 문제 1

1. 키르케고르는 자신의 꿈을 완성하기 위해 인생을 관통하는 핵심 가치, 핵심 철학을 가질 것을 주장한다. 왜냐하면, 그렇지 않으면 항상 개체로서 개체적인 것만을 획득할 것이고 또 상실할 것이기 때문이다.

2~4. 같은 방식으로 작성

p140 문제 2

1. 복희는 자신의 꿈을 완성하기 위해 천지인(天地人)과의 화합, 조화, 융화를 주장한다. 왜냐하면, 사람이 세상을 바르게 소유하려면 하늘, 땅, 사람들과 화합, 조화, 융화해야 하고 그 변화의 모습을 통찰해야 다툼이 없기 때문이다.

2~4. 같은 방식으로 작성

p151 문제 3

1. 아우렐리우스는 자신의 꿈을 완성하기 위해 불평불만 말고, 노력하여 세상의 원리를 찾으며, 자신을 좋아하도록 스스로 발전시키며, 주변이 더럽더라도 샘물 같은 삶을 살라고 주장한다. 왜냐하면, 명예를 위해 사는 것이 아니라 명예롭게 살아야 하기 때문이다.

2~6. 같은 방식으로 작성

p152 문제 4
위 10명의 철학자들 생각을 종합하여 자신의 꿈을 완성하기 위해 무엇을 중요시 해야 하는지 숙고하여 작성한다. (14개의 생각을 모두 다시 필사해도 됨)

11강. 통합사유철학강의
p157 문제 1
사유 공간의 구성 요소는 존재-반존재, 의지-반의지, 인식-반인식으로 구성된다. 존재 공간은 ~이고 반존재 공간은 ~이다.
p161 문제 2
존재-반존재, 의지-반의지, 인식-반인식이 이루는 3차원 공간 세계에 대해 설명한다.
p164 문제 3
소크라테스, 플라톤 학파로부터 스토아학파, 스콜라 철학, 합리주의, 경험주의, 실용주의, 실존주의, 포스트모더니즘까지 3차원 사유 공간에 위치시키는 것이 통합사유철학이다. 통합사유철학은 이 공간 속에 헤라클레이토스부터 인류 역사 모든 철학을 통합 정리한다.

12강. 칼릴지브란, 예언자 (1)
p168 문제 1
베풂의 다섯 가지 종류
p172 문제 2
숭고한 나눔을 위한 다섯 가지 방법

13강. 아우렐리우스, 명상록 (2)
p176 문제 1
명예롭기 위한 일곱 가지 조건 1~3
p178 문제 2
명예롭기 위한 일곱 가지 조건 4~7
p178 문제 2
'진정한 명예'에 대한 자신의 생각

14강. 생텍쥐페리, 어린 왕자
p184 문제 1
제시문 1~2. 어른들이 중요하게 생각하는 것들

p188 문제 2
제시문 3~4. 아이들이 중요하게 생각하는 것들
p189 문제 3
어리석은 어른들이 중요하다고 생각하는 것과 지혜로운 아이들이 중요하게 생각하는 것을 비교 설명하고, 자신은 무엇을 중요하게 생각하는지 제시

15강. 장자, 도척편
p194 문제 1
제시문 1~3. 무족과 지화의 대화 내용을 삶의 목적 관점으로 정리
p198 문제 2
제시문 4~6. 무족과 지화의 대화 내용을 삶의 목적 관점으로 정리
p199 문제 3
유형적 성취(재물(富), 지위가 주는 이익과 명예)와 무형적 성취(자유, 평등, 나눔, 사랑, 정의, 평화, 평온이 주는 이익과 명예)에 대하여 무족과 지화의 주장을 비교, 설명

16강. 니체, 반시대적 고찰
p204 문제 1
제시문 가. 진정한 나를 찾기 위한 11가지 항목
제시문 나. 진정한 교육의 비전
p205 문제 2
진정한 나를 찾기 위한 11가지 항목을 활용하여 자기소개서 작성
p209 문제 3
제시문 가~라. 참과 진리에 관한 제시문 정리
p211 문제 4
제시문 (가)~(라)의 내용을 활용, '참과 진리'에 대해 예를 들면서 비교, 설명

인문철학교육총서 1~13

고전인문철학수업 1 : 과거를 창조함

고전인문철학수업 2 : 제 3의 탄생

고전인문철학수업 3 : 여유로움과 나태함

고전인문철학수업 4 : 평등한 세상

고전인문철학수업 5 : 배려와 희생

고전인문철학수업 6 : 이해와 사랑

토론의 정석 1 : 약자에 대한 배려

토론의 정석 2 : 계층 문제

논술의 정석 1 : 인간과 문화

논술의 정석 2 : 인간과 평화

논술의 정석 3 : 인간과 합리

창작의 정석 1 : 명예로움에 대하여

창작의 정석 2 : 바라지 않음에 대하여

고전인문철학수업 2

1판1쇄 ‖ 2021년 2월 5일
지은이 ‖ 김주호
펴낸곳 ‖ 지성과문학사
등록 ‖ 제251-2012-40호
전화 ‖ 031-707-0190
팩스 ‖ 031-935-0520
이메일 ‖ bookfs@naver.com

ISBN 979-11-91538-73-1 (03100)

출판사의 허락 없이 무단 복제와 무단 전재를 금합니다.
잘못된 책은 구입처에서 교환해 드립니다.
이 책에서 사용된 문양은 한국문화정보센터가 창작한 저작들을 공공누리 제1유형에 따라 이용합니다.

이 책의 모든 저작권은 지성과문학사가 가지고 있습니다.

✿ 고전인문철학수업 1

1. 과거를 창조함에 대하여 (플라톤, 소크라테스의 변명)
2. 소극적 자유와 적극적 자유에 대하여 (니체, 인간적인 너무나 인간적인)
3. 자유의지에 대하여 (도스토예프스키, 지하생활자의 수기)
4. 자유로운 일과 자유를 주는 일에 대하여 (아우렐리우스, 명상록)
5. 창조의 힘, 개별의지에 대하여 (루소, 인간불평등기원론)
6.. 개별의지의 적용에 대하여 (플라톤, 국가 Ⅰ)
7. 선택받는 삶과 선택하는 삶에 대하여 (데카르트, 방법서설)
8. 올바름과 어리석음에 대하여 (플라톤, 국가 Ⅱ)

✿ 고전인문철학수업 2

9. 제3의 탄생에 대하여 (베이컨, 신논리학)
10. 꿈의 구조도에 대하여 (한비, 한비자)
11. 생각의 지도에 대하여 (통합사유철학강의)
12. 숭고한 나눔에 대하여 (칼릴지브란, 예언자)
13. 명예로운 삶에 대하여 (아우렐리우스, 명상록)
14. 우리에게 중요한 것들에 대하여 (생텍쥐페리, 어린 왕자)
15. 삶의 목적에 대하여 (장자, 장자)
16. 참과 진리에 대하여 (니체, 반시대적 고찰)

✿ 고전인문철학수업 3

17. 여유로움과 나태함에 대하여 (키르케고르, 디아프살마타)
18. 성찰과 회복에 대하여 (데카르트, 성찰)
19. 아름다움에 대하여 (칼릴지브란, 예언자)
20. 행동과 열정에 대하여 (서머싯 몸, 달과 6펜스)
21. 겸손과 지혜에 대하여 (한비, 한비자)
22. 인식의 세 단계에 대하여 (니체, 차라투스트라는 이렇게 말했다)
23. 진실과 오해에 대하여 (체호프, 체호프 단편선)
24. 인간의 조건에 대하여 (카프카, 변신)

❁ 고전인문철학수업 4

25. 평등한 세상을 위하여 (루소, 사회계약론)
26. 인간의 본성에 대하여 (알퐁스 도데, 별)
27. 문제와 해결에 대하여 (헤르만 헤세, 데미안)
28. 허영과 충만에 대하여 (파스칼, 팡세)
29. 편견과 본성에 대하여 (마크트웨인, 왕자와 거지)
30. 자기철학에 대하여 (아우렐리우스, 명상록)
31. 자존과 수용에 대하여 (사르트르, 문학이란 무엇인가)
32. 노력과 만족에 대하여 (이솝, 이솝 우화)

❁ 고전인문철학수업 5

33. 배려와 희생에 대하여 (법구, 법구경)
34. 유익과 선에 대하여 (키케로, 의무론)
35. 존재에 대하여 (사르트르, 구토)
36. 시대정신에 대하여 (헤겔, 역사철학강의)
37. 목적과 자격에 대하여 (아리스토텔레스, 정치학)
38. 인내와 용기에 대하여 (성서, 잠언)
39. 배움의 이유에 대하여 (마키아벨리, 군주론)
40. 성공의 길과 진리의 길에 대하여 (헤르만 헤세, 나비)

❁ 고전인문철학수업 6

41. 이해와 사랑에 대하여 (오헨리, 마지막 잎새)
42. 이해와 득실에 대하여 (냉철한 그리고 분노하는, 철학자들의 생각)
43. 합리적 계책에 대하여 (나관중, 삼국지)
44. 평등과 자격에 대하여 (냉철한 그리고 분노하는, 철학자들의 생각)
45. 시간과 존재에 대하여 (실존을 넘어서)
46. 자유와 평등에 대하여 (홉스, 리바이어던)
47. 관계와 인간에 대하여 (니체, 인간적인 너무나 인간적인 Ⅰ)
48. 나와 [나]에 대하여 (니체, 인간적인 너무나 인간적인 Ⅱ)

❀ 토론의 정석 1

49. 우리 시대 약자는 살기 괜찮은가: 약자에 대한 판결 불공정 문제
50. 우리 시대 교육은 문제없는가: 대학 서열 문제
51. 우리 시대 직업은 그 역할을 다하고 있는가: 직업 서열 문제
52. 우리 시대는 술과 정신병 문제에 대한 대처를 잘하고 있는가: 술, 정신병 문제
53. 우리 시대는 부동산 등 불로소득을 잘 징계하고 있는가: 부동산, 불로소득 문제
54. 우리 시대 종교는 타락하고 있지 않은가: 타락한 종교 문제
55. 우리 시대는 처벌에 대해 평등의 원칙을 잘 준수하는가: 공평한 벌금 문제
56. 우리 시대는 정당방위를 충분히 보장하고 있는가: 정당방위 문제

❀ 토론의 정석 2

57. 우리 시대는 계층 문제를 충분히 고려하고 있는가: 계층 문제
58. 우리 시대의 제사, 결혼, 장례 문화는 적절한가: 제사, 결혼, 장례의 전통 문제
59. 우리 시대는 상속을 왜 허용하면 안 되는가: 상속 문제
60. 우리 시대는 아직 일본과의 관계를 해결하지 못하고 있는가: 일본과의 관계 문제
61. 우리 시대는 남북통일을 잘 추진하고 있는가: 남북한 통일 문제
62. 우리 시대는 한·중·일 3국 연합을 준비하고 있는가: 한·중·일 연합 문제
63. 우리 시대는 개인의 생명과 안전을 스스로 지킬 수 있는가: 총기 소지 문제
64. 우리 시대는 모두의 인권을 존중해야 하는가: 인권과 사형 문제

❀ 논술의 정석 1

65. 인간과 문화에 대하여: 비교와 추론
66. 인간과 환경에 대하여: 추론과 비판
67. 인간과 문학에 대하여: 비교와 평가
68. 인간과 예술에 대하여: 비교와 관점
69. 인간과 리더에 대하여: 분류와 평가
70. 인간과 평등에 대하여: 비교와 비판
71. 인간과 문명에 대하여: 비교와 대안
72. 인간과 운명에 대하여: 활용과 평가

김주호 인문철학총서 14